마스터플랜
드론 전문가

마스터플랜 드론 전문가

초판 1쇄 발행 2019년 11월 5일

지은이   theD마스터플랜연구소(신경화)
발행인   조상현
마케팅   조정빈
편집인   김유진
디자인   김희진

펴낸곳   더디퍼런스
등록번호   제2018-000177호
주소   경기도 고양시 덕양구 큰골길 33-170
문의   02-712-7927
팩스   02-6974-1237
이메일   thedibooks@naver.com
홈페이지   www.thedifference.co.kr

ISBN   979-11-61252-30-8 03370

독자 여러분의 소중한 원고를 기다리고 있으니 많은 투고 바랍니다.

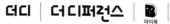

십대가 되고 싶은 직업 로드맵

마스터플랜
드론 전문가

theD마스터플랜연구소 지음

더 디퍼런스

청소년이 그리는 드론 전문가 로드맵

기술이 진보하면 사회가 변화한다. 특히 4차 산업 혁명은 기술의 발전 양상과 규모가 이전과 비교할 수 없을 정도로 빠르고 폭넓은 만큼, 그 변화의 강도가 세다. 4차 산업 혁명 시대의 기술은 서로 융합되고 사물과 정보가 연결되어 경제, 정치, 문화 등 사회 전분야에 걸쳐 큰 폭의 변화를 만들어 간다. 그런 변화는 당연히 직업 세계도 달라지게 한다. 기술의 발달로 조용히 사라지는 직업이 있는가 하면, 신기술 관련 산업이 성장하면서 새로운 직업이 생겨나기도 한다.

새롭게 떠오르는 직업 중 대표적인 것으로 드론 전문가가 있다. 한국고용정보원은 2018년에 발표한 〈4차 산업 혁명 미래 일자리 전망〉에서 10개의 유망 직업 중 하나로 드론 전문가를 꼽았다. 드론의 적용 분야가 다양해지고 있다는 점과 드론 시장의 확대가 선정 이유였다.

드론은 스마트폰과 컴퓨터 그리고 정보통신 기술 등과의 융합으로 태어난 4차 산업 혁명의 핵심 기술이다. 드론 관련 시장 규모는 매년 성장하고 있으며, 세계 여러 나라는 미래 산업의 주도권을 쥐기 위해 드론 산업 육성에 사활을 걸고 있다. 세계적 기업인 구글, 아마존, CNN, 도미노피자, 알리바바, 내셔널지오그래피 등은 일찍이 드론을 접목한 서비스를 선보였으며, 드론 활용을 더욱 확대해 나간다는 계획을 꾸준히 발표하고 있다.

우리 정부 또한 100대 국정과제 중 하나로 드론 산업의 활성화를 채택했다. 특히 국토교통부는 7대 신산업 중 하나로 드론 산업을 선정, 활성화 사업을 추진하고 있다. 물품 수송, 산림보호·산림재해 감시, 시설물 안전진단, 국토조사·민생순찰, 해안선·접경지역 관리, 통신망 활용 무인기 제어, 촬영·레저·광고, 기타 등 8개 드론 활용 분야를 대상으로 시범사업을 진행 중이다. 전국 지자체 역시 드론 산업을 육성하고 있다.

드론 산업의 성장에 따라 드론 전문가 수요와 역할도 확대되고 있다. 드론 전문가는 드론 시대를 이끌어 가는 사람들로, 드론에 관한 전문지식을 토대로 조종·디자인·제작·연구·기술개발·상용화 등 다양한 분야에서 활약한다. 드론이 있는 곳에 드론 전문가가 있다.

저명한 미래학자 토마스 프레이는 "향후 드론으로 할 수 있는 일이 무려 200여 가지 이상이 될 것"이라 예상했다. 미래를 준비하는 청소년이라면 드론 전문가로서의 진로를 한 번쯤 고민해 보아도 좋을 것이다.

이 책은 미래 진로를 고민하는 청소년들에게 드론 전문가에 대한 구체적인 정보를 제공한다. 드론 전문가의 특징이나 필요한 역량, 세부 직종, 미래 전망 등 관련 정보를 실어 자신만의 진로 로드맵을 그리는 데 활용하도록 했다. 또한 현실적인 방법으로 방과 후 학교, 자유학기제, 고교학점제 활용 방법도 소개했다. 정규 교육과정으로 드론 과목을 개설한 고등학교나 드론학과 개설 대학교 정보를 확인할 수 있다.

이외에도 전문교육기관 및 국가 자격증 정보와 국내외 기업정보를 습득해 드론 전문가가 되기 위한 자기만의 진로 계획을 세울 수 있도록 관련 정보를 실었다. 또한 구체적인 사례를 통해 드론 조종사, 드론 개발자, 드론 수리전문가, 드론 운항관리사, 드론 표준전문가, 드론 교육지도자 등 각 분야 드론 전문가의 세부적인 업무에 대한 이해를 높였다.

변화는 미래를 대비하는 청소년에게 오히려 기회가 된다. 유망 직업이 모든 청소년에게 맞는 옷은 아닐지라도, 자신에게 맞는 옷인지 알아보는 탐색 과정이 있어야 한다. 자신만의 진로 로드맵이 있어야 뒤늦게 우왕좌왕하며 시간을 낭비하는 일이 없기 때문이다.

마지막으로 진로 탐색을 지도해 줄 부모님들께 당부하고 싶은 말이 있다. 부모의 속도는 늘 자녀보다 앞서간다. 자녀의 속도를 기다리고 함께 보조를 맞추는 현명함을 발휘해 주시길 부탁드린다. 아이들은 저마다의 속도에 따라 배우며 자기 인생의 방향 감각을 키워간다. 드론 전문가에 대한 호기심을 보인 것만으로도 그 아이는 시대의 변화 흐름을 잘 읽었다고 칭찬받아 마땅하다. 분명 진로 탐색의 과정을 통해 자신을 더욱 깊숙이 들여다보는 기회이자, 한 사람으로서 자신의 역할에 대해 깊은 고민을 하게 될 것이다.

이 책이 진로 선택의 폭을 넓히고 성공의 큰 물줄기를 만드는 마중물이 되길 희망한다. 지금부터 청소년의 미래 직업 로드맵을 그리기 위한 안내를 시작한다.

theD마스터플랜연구소

차례

1장
드론 전문가는
어떤 직업이지?

드론 전문가란
누구인가?

하늘을 나는 무인 비행 로봇

위잉~ 소리를 내며 프로펠러가 몸체를 들어 올린다. 하늘을 날며 민첩하게 상승과 하강을 반복하던 비행 물체는 어디론가 날아가다 이내 사라졌다. 비행하며 촬영된 환상적인 풍경은 조종사의 스마트폰으로 전송된다. 조종사의 눈이 되어 준 비행 물체, 바로 드론이다.

드론은 조종사 없이 하늘을 나는 '무인 비행기'를 말한다. 그렇다면 우리가 흔히 리모컨으로 조종하는 비행기나 헬리콥터도 드론이라고 할 수 있을까? 아니다. 드론은 사람이 조종할 수도 있지만, 스스로 알아서 비행할 수도 있다. 카메라, 센서, 통신 시스템 등이 내장되어 있어서 스스로 장애물을 피해 날아갈 수 있고, 미리 입력한 프로그램에 따라 자동으로 움직일 수 있다. 그래서 드론을 '무인 비행 로봇'이라 부르기도 한다.

드론은 전쟁을 위해 태어난 무기?

드론의 역사는 무선통신 기술*과 비행기의 만남으로부터 시작됐다. 전기를 이용한 수많은 발명품을 만든 미국의 과학자이자 발명가인 니콜라 테슬라는 수년간 무선 조종 장치를 연구했다. 그는 1899년 전파를 이용한 무선 조종 보트를 개발하는 데 성공해 무선통신 기술 발전에 핵심적인 유산을 남겼다. 다른 한편에서는 라이트 형제가 1903년 비행기 개발에 성공하며 하늘을 나는 오랜 꿈을 현실로 만들었다. 무선통신과 비행기는 무인 비행기의 핵심 기술이 되었다.

무인 비행기는 두 기술의 결합으로 꿈이 아닌 현실로 다가왔다. 세계 여러 나라에서는 무인 비행기 개발에 공을 들였다. 특히 미국은 테슬라의 연구를 바탕으로 다른 나라에 비해 한발 앞서나갔다. 제1차 세계대전이 끝나가던 1918년, 미국은 조종사 없이 무선으로 조종하는 '케터링 버그(Kettering Bug)'를 만들었다. 이 무인 비행기는 폭탄을 싣고 적진으로 날아가 적과 함께 사라지는 '자폭 비행'였다. 전쟁 무기로 개발된 드론이지만 연구 중에 제1차 세계대전이 끝나 실전에

● 무선통신(Wireless Communications) 기술: 기기 간에 연결된 전선 없이 전파를 이용해 정보를 주고받는 기술이다.

활용되지는 않았다.

무인 정찰기 개발은 전쟁이 끝나도 계속되었다. 2000년부터 본격적으로 사용한 무인 정찰기는 최대 20km 상공을 비행하고 지상의 30cm 크기의 물체까지 확인할 정도로 발달했다.

일상생활에 폭넓게 활용되는 드론

2010년, 드론은 군사 기술을 넘어 민간 산업과 서비스 분야로 확대되는 전환점을 맞았다. 미국 라스베이거스에서 열린 국제전자제품박람회에 프랑스 패럿 사가 개발한 'AR 드론'이 등장했다. 스마트폰을 사용해 간단히 조종할 수 있고, 카메라가 내장되어 있어 공중 촬영이 가능해 전 세계인의 관심이 쏠렸다. 프로펠러 4개를 사용하며 크기는 57cm로 초소형에다 무게는 거우 300g이었다. 이 작고 가벼운 '최고급 장난감'의 등장에 취미용 드론을 사려는 사람들의 문의가 폭주했다.

투자는 사업성이 있는 곳에 더 활발하게 이루어지는 법이다. 세계 기업들은 앞다투어 드론 시장에 뛰어들었다. 동시에 스마트폰과 컴퓨터, 그리고 정보통신 기술*이 발전함에 따라 그 종류는 더 다양해졌다. 전쟁을 위해 탄생한 드론은 이

---

* 정보통신 기술: 정보 기술(Information Technology)과 통신 기술(Communication Technology)의 합성어로, ICT 기술이라고도 부른다. 정보를 주고받는 것은 물론 개발, 저장, 처리, 관리하는 데 필요한 모든 기술이 포함되어 있다.

제 영상 촬영, 산불 진화, 농업, 교통상황 점검, 배송 서비스, 레저 등 다양한 분야에서 활용되고 있다.

드론은 특히 영상 촬영 분야에서 이미 중요한 촬영 장비로 사용되고 있다. 스포츠 중계방송에서 역동적이고 현장감 넘치는 장면을 촬영하는 것은 물론, 아름다운 자연 풍경과 웅장한 도심 건물 등 이전에 보기 힘들었던 수많은 볼거리를 제공한다. 불과 몇 년 전에는 '헬리캠'이 그 역할을 하고 있었다. 무인 헬리콥터에 카메라를 장착해 만든 무선 촬영 장비인 헬리캠은 재난 현장이나 고속도로 상황, 방송영상 등을 촬영하는 데 사용됐지만, 이제는 비행 성능이 좋고 조종이 쉬운 드론이 그 자리를 대신하고 있다.

무한한 가능성을 지닌 드론 전문가

드론이 더욱 주목받는 이유는 4차 산업 혁명의 핵심 기술이기 때문이다. 4차 산업 혁명은 정보통신 기술의 발달로 다양한 첨단기술이 결합되어 새로운 세상을 만들고 있다. 산업 전반에 쓰임새가 다양한 만큼 드론에 거는 기대도 크다. 동시에 드론 전문가의 역할 또한 중요해지고 있다.

드론은 수많은 기술이 집약된 장비이다. 예를 들어 위성항법장치(GPS)는 자신의 정확한 위치를 파악하는 기술인데, 인공위성으로부터 전파를 받아 어느 곳에서나 현재 위치를 정확히 파악한다. 운전할 때 길을 안내해 주는 내비게이션도 비슷한 원리로 현재 위치에서 목적지까지 가장 효율적인 경로를 파악해 안내한다. 드론에 GPS가 내장된 내비게이션을 설치하면, 목적지까지 비행하고 돌아올 수 있다. 이동 중에 예기치 못한 충돌로 드론이 망가지거나 남에게 피해를 주지 않도록 각종 카메라와 센서를 활용해 장애물을 피할 수도 있다. 여기에 인공지능이 추가되면 어떻게 될까? 무사히 임무를 마치고 돌아오던 드론이 내 방 창문에 배설물을 쏟아내는 비둘기를 쫓아내고, 알아서 창문 청소까지 해 줄 수 있지 않을까? 드론은 우리가 상상하는 것 이상으로 우리 삶에 많은 변화를 줄 것이다.

저명한 미래학자 토마스 프레이는 "2030년 20억 개의 일자리가 사라질 것"이라고 전망했다. 한편으론 "향후 드론으로 할 수 있는 일이 무려 200여 가지 이상이 될 것"이라 예상하기도 했다. 수많은 일자리가 소리 없이 사라지는 가운데, 드론을 활용하는 일은 더 많아진다는 전망을 내놓은 것이다. 이처럼 드론 전문가는 여러 전문가 사이에서 미래 유망 직업으로 빼놓지 않고 등장한다.

드론 전문가는 단순히 드론을 조종하는 사람이 아니다. 드론 전문가는 드론에 관한 전문지식을 가지고 다양한 분야에서 일하는 사람이다. 조종, 디자인, 제작, 연구, 기술개발, 상용화 등의 업무를 담당한다. 우리 사회에 긍정적인 도움을 주기 위해 드론의 새로운 역할을 고민하기도 한다. 드론 전문가는 미래 사회의 무한한 가능성을 지닌 사람이다.

스마트폰이 대중화된 지 이제 10년 남짓, 이제는 우리 삶에 없어서는 안 될 필수품이 되었다. 기술의 발전은 사회를 변화시키고 우리의 삶도 바꾼다. 더 이상 필요 없는 것은 사라지고, 우리 생활을 변화시키는 새로운 것은 계속해서 나온다. 직업도 마찬가지다. 4차 산업 혁명과 함께 일자리도 많은 변화를 예고하고 있다. 단순하고 반복적인 업무는 로봇이 대신하고 창의적인 아이디어와 기술을 결합하는 일만이 4차 산업 혁명 시대에도 살아남을 것이다.

드론 전문가가
하는 일

드론이 있는 곳에 드론 전문가가 있다

드론이라고 다 같은 드론은 아니다. 드론의 출발은 군사 목적이었지만, 기술의 발전에 따라 종류가 다양해졌으며 민간 영역에서 폭넓게 활용되고 있다. 특히 공공 분야에서 인명 구조, 국경순찰, 산림과 해안의 환경 감시, 기상정보 수집과 관측, 재난 예방 및 구조, 산불 진화, 국토 측량 등을 담당하는 등 그 활용 범위가 넓어지고 있다.

기업의 상업적 이용은 한 발 더 빠르게 시작되었다. 드론 관련 시장이 성장할 것을 예상한 구글, 아마존, CNN, 도미노 피자, 알리바바, 내셔널지오그래픽 등 여러 세계적 기업은 일찍부터 드론을 접목한 서비스를 선보였고, 드론 활용을 더욱 확대해 나간다는 계획을 꾸준히 발표하고 있다.

또한 취미용 드론에 대한 대중적 인기가 날로 높아지고 있다. '1인 1드론 시대'가 예상되는 만큼 관련 시장 규모는 매년 성장하고 있다. 기능과 성능에 따라 어린 아이들도 가지고 놀 수 있는 간단하고 저렴한 몇만 원대 드론부터, 1시간에 최대 시속 100km로 비행할 수 있는 수천만 원대 드론도 있을 정도로 다양해졌다.

드론 시장이 확대됨에 따라 드론 전문가의 역할은 더욱 중요해졌다. 드론 전문가는 효율적인 드론 활용을 위해 그 사용 목적에 맞게 업무를 지원하고 관리하는 일을 하며, 또한 앞으로 나아가야 할 방향을 개선하는 역할을 한다. 산업 전반에서 활약하는 드론을 통해 드론 전문가가 하는 일을 좀 더 살펴보자.

재난 현장 탐색에서 환경 감시까지

2015년 4월 네팔에서 규모 7.8의 강력한 지진이 발생해 최소 8,000여 명이 사망하고 1만 6,000여 명이 부상당한 일이 있었다. 건물에 깔린 사람들을 구해야 했지만 건물이 붕괴할 위험이 있어 구조마저도 쉽지 않았다. 네팔 정부는 재난 현장을 조사하기 위해 드론을 투입했다. 드론은 갈라진 땅과 무너진 건물 사이를 오가며 구조대원이 갈 수 없는 곳까지 피해 상황을 탐색하고 조난자를 발견하는 등 구호 활동에 큰 힘을 보탰다.

우리나라 재난 현장에도 드론이 있다. 열을 감지하는 센서가 탑재된 소방 드론은 산불 진화에 활용된다. 소방대원이 현장을 다니며 타다 남은 불씨를 일일이 확인하는 것은 불가능에 가깝다. 소방 헬리콥터는 해가 지면 산 위를 날아서 활동하기에 매우 위험하다.

하지만 드론은 야간 비행이 가능하고 산 전체를 내려다볼 수 있어 타다 남은 불씨를 찾기에 제격이다. 2015년 3월 정선에서 발생한 산불 진화에 소방 드론이 투입돼 성공적으로 임무를 마쳤다. 드론은 산불을 감시해 더 큰 피해를 예방하는 임무를 수행하기도 한다.

드론의 역할은 공공 분야에서 점차 확대되고 있다. 해양수산부는 2016년부터 해양 실태조사에 드론 촬영을 활용해 왔으며, 2022년까지 우리나라 전 해역에 드론 500대를 배치한다는 계획을 발표했다. 불법조업 단속, 해양 쓰레기 불법투기 감시, 항만시설물 관리, 수질 관리, 양식장 점검 등 해양 보존과 국민의 안전을 위해 드론을 활용한다는 방침이다.

이밖에도 드론은 농작물을 병충해로부터 예방하고 구제하는 방제 작업, 수질 관리, 기상정보 수집, 측량 사업, 교통상황 관측 등에 두루 쓰이고 있다.

생생한 영상 촬영 분야

드론이 상업적으로 가장 활발하게 이용되는 곳은 영상 촬영 분야이다. 고성능 카메라가 탑재된 촬영 드론은 영화, 다큐멘터리, 스포츠 중계, TV 프로그램 등 영상 미디어 매체에 활용된다. 드론은 공간 제약 없이 자유로운 비행으로 역동적이고 생동감 넘치는 장면을 담아낸다. 예를 들어 험난한 협곡이나 골짜기 사이를 비행하며 사람이 보기 힘든 광경을 보여 줄 수 있고, 헬기로 항공촬영을 했던 예전보다 시간과 비용을 대폭 줄일 수 있어 활용도가 높다. 영상의 완성도는 드론 조종사와 영상 전문가의 호흡에 달려 있다.

이제 드론은 영화 촬영 현장에서 흔히 볼 수 있다. 드론 촬영 영상을 모은 국제적인 드론 영화제도 생겼다. 2018년 뉴욕국제드론영화제에서 화제가 된 마이크 비숍 감독의 단편영화 〈야생의 왕국〉은 드론을 활용해 아프리카 초원 한복판을 질주하는 야생동물들의 미세한 표정까지 담아내 관객으로부터 호평을 받았다. 드론은 독보적인 속도감으로 생생한 현장을 담아내며 감동을 선사했다.

CNN, 뉴욕타임스 등 세계적인 미디어 회사는 취재에 드론을 사용하는 '드론저널리즘'●의 선두에 서 있다. 이전에는 헬기를 띄우거나 높은 곳에 올라가 사건 현장을 촬영해야 했지만, 이제는 재해나 사고현장, 전쟁이나 시위 때문에 위험한 지역도 드론으로 촬영하여 현장을 중계하고 뉴스를 보도한다. 국내에서도 연합뉴스, SBS 등이 드론을 투입해 뉴스를

● 　드론저널리즘: 저널리즘(Journalism)이란 신문, 잡지, 영상 등의 매체를 통해 정보와 의견을 보도하는 활동이다. 드론을 사용해 기자가 직접 접근하기 힘든 곳을 촬영해 보도하는 언론 활동을 '드론저널리즘'이라고 한다.

제공하고 있다. 2019년 개봉한 영화 〈엑시트〉에서는 드론이 주인공의 긴박한 탈출 장면을 촬영해 이를 사람들에게 알리는 데 성공했다는 설정을 보여 주었다.

드론은 기업의 홍보 영상에도 활용된다. 전국의 지방자치단체*에서 지역 특산품이나 관광지를 홍보할 때 드론 촬영을 적극적으로 도입해 입체적인 정보를 제공하고 있다.

보다 빠르고 안전한 배달 서비스

미국 최대 온라인 쇼핑몰 아마존은 2013년 12월에 드론으로 상품을 배달하는 '프라임 에어 서비스'를 발표했다. 이 서비스는 주문과 동시에 드론이 배송센터에서 상품을 싣고 하늘로 날아올라 30분 이내에 배송을 완료한다는 계획이다. 물론 중량은 2.3kg, 거리는 16km까지로 제한되어 있었지만, 당시로써는 파격적인 도전이었다. 다수의 드론 연구자가 모여 실용 가능성을 높이기 위해 집중했다. 이후 2014년 세계 최초로 2.3kg의 상품을 16km 거리의 목적지에 배송하는 데 성공했다.

국제적 운송업체 UPS도 2017년 가정용 택배 드론 시험운영에 성공하며 물류 서비스 전환에 합류했다. 독일의 국제항

---

* 지방자치단체: 국가로부터 행정권을 부여받은 공공단체. 법률이 정한 범위 안에서 일정 지역에 거주하는 주민과 지역 운영에 대한 지배권을 가진 단체이다. 광역자치단체(특별시, 광역시, 도)와 기초자치단체(시, 군, 구)가 있다.

공 택배 회사 DHL은 드론 택배를 활용해 접근이 어려운 섬 지역에 식량과 의약품 등을 배달하고 있다. 중국 최대의 전자상거래업체 알리바바는 2015년부터 베이징과 상하이 등 일부 대도시에서 드론 배송 서비스를 시험 운용하고 있다. 2013년 도미노피자는 드론을 활용해 6km 떨어진 곳에 10분 이내에 피자를 배달하는 데 성공했다. 이처럼 운송·배달 서비스를 제공하는 국제적 기업은 드론 택배 비율을 계속 늘려갈 계획이다.

우리나라 우정사업본부*는 2022년 드론 배송 상용화를 목표로 우편물 배달 시범운영을 하고 있다. 2017년에는 전남 고흥 선착장에서 득량도 마을회관에 이르는 약 4km 거리를 50m 상공으로 비행해 8kg짜리 물품을 약 10분 만에 배송하는 데 성공했다. 민간 택배회사에서도 테스트를 진행하고 있다. 전문가들은 2030년 즈음부터 물류 시장이 드론으로 바뀔 것이라는 전망을 내놓고 있다.

농업용 드론의 미래

여러 가지 산업 중에서 가장 오랜 역사를 가진 산업은 바로 농업이다. 가장 오랫동안 인류의 삶을 좌우해 온 농업은

---

* 우정사업본부: 과학기술정보통신부 소속으로 우편, 우체국예금, 우체국보험 등 우체국 서비스를 총괄하는 기관이다.

지금도 우리의 식탁을 책임지고 있다. 하지만 농업의 미래가 밝지만은 않다. 젊은 세대는 농업 분야에 관심이 적고, 농촌은 항상 일손이 부족하기 때문이다. 그래서 등장한 것이 농업용 드론이다.

드론은 농업 분야에서 노동력 부족 문제를 해결하고 작업 효율성을 높이기 위해 도입되었다. 특히 유럽이나 미국 등은 넓은 국도만큼이나 경작지가 드넓기 때문에 구석구석 직접 농약을 살포하는 일은 불가능에 가깝고 인체에 치명상을 입힐 수 있기에 위험한 일이다.

무인 헬기가 농약 살포 임무를 수행하기도 하지만, 1억 원이 넘는 비싼 헬기를 사거나 빌리는 것도 큰 부담이 된다. 그에 비해 드론은 최대 1/7 수준으로 가격이 저렴하다. 또 안전한 곳에서 영상을 확인하며 살포할 수 있으니 위험성도 낮아 유용하다.

농업용 드론은 농작물의 생육 상황을 파악해 필요한 만큼만 비료를 살포하고 수확 시기 결정에도 도움을 준다. 해충 제거를 위한 살충제 살포에도 활용된다. 농업뿐만 아니라 구제역, AI 등 축산 방역에도 사용되고 있다.

우리나라도 예외는 아니다. 농협 등에서 농업용 드론을 빌려주고 있다. 농촌 지역을 중심으로 울진군 등 지방자치단체에서 청년 농업인을 대상으로 농업용 드론 조종사 양성에도 지원책을 내놓고 있다.

세계가 놀란 환상의 드론 쇼

2018년 2월, 평창 동계올림픽 개막식에서 환상적인 쇼를 선보인 작은 별은 놀랍게도 1,218대의 드론이었다. 지상에서 시작된 작은 불꽃들이 어딘가를 향해 날아가 미끄러지듯 눈길을 지나가다가 밤하늘 높은 곳에서 수천 개의 별처럼 빛나기 시작한다. 그리고 마침내 하나의 그림을 수놓았다. 바로 '올림픽 오륜기'였다. 실시간 중계로 이 장면을 지켜보던 세계 누리꾼은 "저게 드론이라고? 대단해!"라며 열광했고, 한편으로는 너무나 놀라운 광경에 "말도 안 돼! 이건 CG(컴퓨터 그래픽)가 분명해!"라며 격렬한 논쟁이 벌어졌다.

더 놀라운 것은 그 많은 드론을 단 한 대의 컴퓨터로, 단 한 명의 조종사가 움직였다는 사실이다. 1,218대의 드론은 일정한 간격을 유지해 모이고 흩어지는 것을 반복하는 동안 충돌하지 않았다. 드론은 GPS(위치 정보)를 파악하고 미리 입력된 프로그램에 따라 진귀한 장면을 연출하는 데 성공하고, 무사히 귀환했다.

화려한 볼거리로 사람들의 시선을 잡아끄는 드론은 쇼, 오락, 공연, 전시, 축제 등 엔터테인먼트 분야에도 폭넓게 활용되고 있다.

스포츠산업의 새로운 바람

드론은 스포츠 분야에도 변화의 바람을 몰고 왔다. 드론 스포츠는 속도 경쟁을 벌이는 레이싱을 비롯해 축구와 격투기 등 다양한 종목으로 빠르게 성장하고 있다.

드론 레이싱은 장애물을 피해 정해진 코스를 빠른 시간에 통과하는 게임이다. 조종자는 1인칭 고글을 쓰고 드론을 조종하고, 드론에 장착된 카메라를 통해 비행 영상을 확인한다. 드론과 한 몸이 되어 시속 150km의 속도로 경기장을 누비는 모습이 놀라울 따름이다. 최근 10대 소년들도 드론 레이싱 선수로서 두각을 나타내고 있다.

세계적인 드론 스포츠리그도 생겨났다. 미국의 '드론 레이싱 리그(DRL: the Drone Racing League)'는 세계 최초의 공식 레이싱 대회이다. 대중적인 인기에 힘입어 미국 ESPN, 영국 스카이TV 등 스포츠 미디어와 글로벌 기업의 후원이 풍성해졌다. 그에 따라 억대 연봉을 받는 선수도 늘고 있다.

드론 격투기는 정해진 시간 안에 상대 드론을 격돌시키는 종목이다. 보는 내내 박진감 넘치는 장면이 연출돼 수많은 마니아가 생겨나고 있다. 미국에서는 2013년부터 시작된 '게임 오브 드론(Games of Drone)'이 '에어리얼 스포츠 리그(ASL, Aerial Sports League)'로 발전하며 정규리그 스포츠로 성장했다. 국내에서도 2017년부터 '드론클래쉬 히어로즈'가 전국에서 정규대회를 선보이고 있다.

탄소 소재를 이용해 공 모양으로 만든 드론을 상대의 골대에 넣는 드론 축구도 있다. 드론 축구는 우리나라 전주시가 세계 최초로 개발하고 보급한 드론 스포츠이다. 전주시는 '2025년 전주 드론 축구 월드컵' 개최를 앞두고 드론 축구를 알리기 위해 다양한 행사를 펼치고 있으며, 그중 하나로 '2018 코리아 드론 축구 페스티벌'을 개최했다. 전국에서 모인 성인 35개 팀과 유소년 16개 팀이 참가한 가운데 수많은 스포츠팬의 주목을 받았다.

드론 전문가에게
필요한 능력

드론의 작동 원리 이해는 필수

단순히 드론을 좋아한다고 해서 드론 전문가가 될 수는 없다. 드론 전문가에게 가장 필요한 능력은 드론에 대한 기본 지식이다. 드론을 효율적으로 사용하려면 반드시 드론에 대한 기초적인 이해가 필요하다. 기본적으로 드론의 구조와 기능 등 작동 원리를 이해하고 있어야 한다.

예를 들어 드론으로 영상 촬영을 한다고 해 보자. 드론은 종류에 따라 비행시간이 다르다. 배터리는 비행시간을 좌우하는 주요 부품으로, 짧게는 3~4분에서 길게는 30여 분을 날 수 있다. 영화나 드라마는 촬영할 때 현장에서 어떤 상황이 벌어질지 예측하기 힘들고, 보통은 한 장면을 여러 번 촬영한다. 그러므로 사용하는 드론의 배터리 용량으로 한 번에 얼마나 오래 날 수 있는지를 파악해서 효과적으로 촬영할 수 있어야 한다. 또한 여분의 배터리를 제대로 관리하고 점검해 문제가 발생하지 않도록 해야 한다.

문제가 생겼을 때 드론의 구조와 기능을 알고 있어야 정확한 진단과 해결이 가능하다. 기본 지식을 바탕으로 나아가 조종, 디자인, 제작, 연구, 기술개발, 상용화 등 자신의 전문 분야와 관련한 깊이 있는 지식을 쌓아야 한다. 또한 빠르게 변화하는 기술 전반에 대한 끊임없는 탐구심이 필요하다. 그래야 누구나 인정하는 전문가가 될 수 있다.

모두의 안전을 위한 비행 법률 준수

2018년 12월 19일, 영국 개트윅 공항을 이용하던 1만여 승객의 발이 묶였다. 활주로가 폐쇄되고 항공기 운항이 중단된 것이다. 비행기 중 일부는 착륙이 지연되거나 다른 공항으로 가야 했다.

이 모든 것은 드론 때문이었다. 비행 법률을 어긴 드론 조종자 때문에 수많은 사람이 큰 불편을 겪어야 했다. 공항 상공은 비행기의 안전한 운행을 위해 드론의 비행을 금지하고 있다. 자그마한 충돌에도 수백 명의 안전이 위협받기 때문이다.

우리나라도 비행장 주변이나 휴전선, 원전 주변 등은 드론 비행금지구역으로 지정되어 있다. 사람이 많이 모인 장소나 야간비행, 150m 이상 고도 비행도 금지된다. 항공법에서 정한 드론 조종자 준수 사항을 위반할 경우, 수백만 원의 벌금을 내야 한다. 따라서 드론을 날리기 전에는 반드시 비행 금지구역을 확인하는 것이 좋다. 국토교통부와 한국드론협회가 개발한 '레디투플라이' 등 스마트폰 애플리케이션*에서 간편하게 확인할 수 있다.

승인을 받지 않아도 자유롭게 드론을 날릴 수 있는 드론 전용 비행구역도 있다. 신정교, 가양대교 북단, 광나루, 청라, 미호천, 김해, 울주, 김제, 고령 등이다. 항공촬영은 촬영 7일 전에 국방부의 허가를 받아야 한다. 그러므로 승인 절차에 관한 사전 지식이 필요하다. 뿐만 아니라 무게가 12kg 이상인 드론을 조종하려면 한국교통안전공단에서 발행하는 드론 조종 자격증이 있어야 한다. 비행 전 알아야 할 준수사항을 확인하고 법률을 지키려는 노력이 필요하다.

전문가다운 투철한 프로 정신

프로와 아마추어의 차이는 실력이다. 자신의 실력에 맞는 돈을 받고 일하는 사람이 프로이다. 회사에 소속된 드론 전문가도 마찬가지다. 자신의 업무 영역에서 실력을 발휘하고 전문성을 인정받아야 하는 직장인이다.

드론에 관한 전문지식에 실무 경험이 보태지면 더욱 실력

---

* 비행 금지구역 및 제한구역에 대한 정보를 제공하는 앱으로, 레디투플라이 (Ready to fly), 드론플라이(DroneFly), 세이프플라이트(SafeFlight) 등이 있다.

있는 전문가로 인정받을 수 있다. 실력만큼 높은 연봉도 뒤따른다. 드론 전문가는 그 어떤 상황이 닥쳐도 빠르게 판단하고 문제를 해결하려면 다양한 능력을 개발해야 한다. 세 가지 능력에 대해 알아보자.

첫째, 원활한 대화를 위한 소통 능력이 필요하다.

한 사람이 모든 영역의 일을 도맡아 할 수는 없다. 예를 들어 어떤 상품을 만들 때 누군가는 상품에 대한 아이디어를 내고, 다른 누군가는 그 아이디어를 실제 제품으로 만든다. 제품의 장점을 소비자에게 알리고 시장에서 많이 팔리도록 광고하는 사람도 있다. 이렇듯 회사는 거미줄처럼 짜인 부서와 팀, 구성원이 조직적으로 업무를 수행한다.

어떤 조직이든 혼자만의 힘으로 성장하지 않는다. 드론 전문가는 다른 영역의 전문가와 더 나은 방향으로 나아가도록 머리를 맞대야 한다. 그러기 위해서는 대화와 교류를 망설이지 않는 소통의 자세가 매우 중요하다.

둘째, 창의적인 아이디어와 도전 정신이 필요하다.

드론은 4차 산업 혁명의 핵심 기술로 주목받고 있다. 산업의 미래를 열어갈 중요한 분야 중 하나이다. 그래서 드론 전문가는 과거의 낡은 생각을 벗어던지고 새로운 미래를 만들어 갈 수 있어야 한다.

새로운 것을 만드는 힘은 창의적인 아이디어와 도전 정신으로부터 나온다. 처음엔 군사적 목적으로 개발된 드론이 어떻게 지금처럼 다양한 분야에 폭넓게 활용될 수 있었을까? 발상의 전환, 즉 새로운 생각 때문이다. 일반 소비자도 쉽게 사용할 수 있는 편의성, 여러 분야에서 활용이 가능한 다양성, 장난감처럼 재미있게 가지고 놀 수 있는 오락성 등 다양한 생각을 더해 드론 산업의 지평을 넓힐 수 있었다.

셋째, 사회적 역할에 대한 책임의식이 필요하다.

국토교통부에 따르면 국내 드론 시장은 2016년 704억 원에서 2026년 4조 4,000억 원 규모로 60배 이상 발전할 전망이다. 특히 10년간 창출되는 고용자 수는 17만 명으로, 일자리 측면에서 파급효과가 상당할 것으로 예상된다.

드론 시장의 규모가 커지는 만큼 사회적 영향력도 막대해졌다. 영향력이 크다는 것은 다른 말로 책임이 무거워졌다는 의미이다.

한편에서는 드론이 사생활 침해나 테러의 위험 같은 우려에서 벗어날 수 없다고 걱정한다. 과연 드론과 함께하는 미래가 인간의 삶을 더 풍요롭게 만들 수 있을까? 그 해답은 드론 전문가의 책임의식에 달렸다. 드론 전문가는 드론의 긍정적 역할을 끌어내고 앞으로 나아가야 할 방향을 제시할 수 있어야 한다. 책임감을 갖고 방향키를 잡는 사람, 더 살기 좋은 사회를 이끄는 사람이 진짜 드론 전문가이다.

드론 전문가의
분류

다양한 분야에서 활동하는 드론 전문가

국내 드론 관련 기업은 약 3,000개로, 2018년 국토교통부에 신고한 기업만 1,600여 개에 달한다. 정부는 드론 산업 육성을 위해 예산 편성을 확대하고 2019년까지 250억 원을 투입, 100여 개 전문기업을 육성하겠다고 밝혔다. 기업에서 드론 전문가를 더욱 필요로 하는 이유다. 그래서 드론 전문가들은 여러 곳에서 러브콜을 받고 있다. 직업군도 세분화되어 조종은 물론 디자인, 제작, 연구, 기술개발, 상용화, 정비, 촬영, 교육현장 등 다양한 곳에서 임무를 수행하고 있다. 하는 일에 따라 드론 정비사, 드론 조종사, 드론 개발자, 드론 촬영감독, 드론 교관, 드론 표준전문가 등으로 나뉜다. 다양한 분야에서 활동하는 드론 전문가를 살펴보자.

'드론 조종사'는 농약 살포, 환경 감시, 군사용, 측량 및 관측, 영상 촬영 등 그 목적에 따라 드론을 안전하고 효율적으로 조종하는 사람이다. 조종사는 사용 목적을 확인하고 드론 및 조종기구의 상태를 점검한다. 이어 사용 장소와 주변 환경 등을 확인해 안전한 비행을 준비한다. 드론 조종면허 자격증은 필수다. 국가가 인정하는 자격시험으로 항공안전법 제125조에 따라 교육 전문기관에서 교육을 받고 학과 시험 및 실기시험에 합격해야 한다.

촬영 전문 조종사는 일반적인 항공촬영을 하기도 하지만, 영화를 촬영할 때에는 영상 감각도 있어야 한다. 조종 실력과 함께 현장 경험, 영화에 대한 이해 등이 중요하다. 영화 촬영감독과 장면 배열을 협의하고 촬영 계획을 함께 세운다. 현장을 답사하여 드론 영상 촬영에 필요한 사항을 검토한다. 촬영 대상, 촬영 거리, 화면 비율 등을 고려해 조종하고 모니터를 통해 영상을 확인한다. 지방항공청, 국방부에 촬영 승인을 요청하고 허가를 받는 일도 한다. 촬영한 영상은 관리 기관 담당자에게 보안검사를 받아야 하며, 문제가 되는 부분은 삭제해야 한다.

2018년에 개봉한 영화 〈안시성〉은 대규모 전투 장면에 드론을 활용하여 박진감 넘치는 영상으로 관객의 큰 호응을 얻었다. 이처럼 영화에서는 촬영 전문 조종사를 포함한 드론 촬영팀을 별도로 구성하고 영상미를 극대화한다.

조종 분야 드론 전문가는 촬영, 방제, 측량, 산불 감시 및 진화, 교통법규 위반 단속, 불법 감시 등 다양한 영역에서 일하고 있다. 분야마다 관련 지식에 대한 이해와 숙련도를 필요로 하므로 관련 종사자가 드론 조종을 배우는 경우도 많다.

정비 분야 드론 전문가

'드론 정비사(혹은 드론 수리원)'는 드론 기체 또는 조종기구의 상태를 점검해 고장 난 부분을 확인 후 수리하는 일을 한다. 드론의 연결 장치를 포함한 구조물과 모터, 엔진, 프로펠러, 로터 등 추진 계통을 점검한다. 또한 통신, 항법 장비, 안테나, 전송기 등 전자 계통을 점검해 수리한다. 배터리, 변속기 등을 점검하는 일도 함께한다. 프로그램을 이용해 작동 상태를 점검하고 테스트 비행으로 최종 상태를 확인한다.

기업은 상품 판매 이후에도 제품의 A/S*까지 책임진다. 자동차를 예로 들어 보자. 자동차를 구매한 소비자는 고장이 생기면, 정비소에 가거나 자동차 생산 기업 본사에 수리를 맡긴다. 정비사는 상태를 점검해 문제를 진단한다. 고장 난 부품을 교체하거나 성능을 보완하는 작업을 한다. 드론 이용자가 급증하고 활용 분야가 확대되는 만큼 드론 기업에 소속된 정

● 애프터서비스(After-Sales Service), 줄여서 A/S(에이에스)라고 한다. 기업은 상품 판매 후 발생하는 문제를 해결하기 위해 구매 고객에게 A/S를 제공한다.

비사 수요도 늘어날 것이다. 자동차 정비소처럼 전국에 드론 정비소가 A/S를 담당하게 될지 모를 일이다.

개발 분야 드론 전문가

드론 신제품은 시장에 나오기 전, 수많은 연구 과정을 거친다. 어떠한 기능을 추가하는 것이 좋은지, 새로운 기능을 추가하기 위해서는 어떠한 기술이 필요한지, 판매 대상은 일반 소비자인지 기업인지 등 여러 가지를 고려한다. 미래 가능성을 예측하고 사업 타당성을 따진다. 최종 단계에서는 시제품을 만들어 수많은 테스트를 통해 성능을 점검하고 수정한다. 그런 다음에야 비로소 새로운 제품이 시장에 나온다. 이처럼 기업이 보유하고 있는 원천기술을 응용해 개발한 시제품에 완성도를 입혀 새로운 제품을 만드는 것이다.

드론 산업의 원천기술은 개발 분야 드론 전문가에 달려 있다. 개발 분야 드론 전문가는 드론이 목적에 맞게 잘 날 수 있도록 연구하고 기술을 개발하는 데 집중한다. 드론 기체, 부품, 구조 등을 설계하고 제작하는 '시스템 개발자', 드론의 기능을 향상시키는 프로그램을 만드는 '소프트웨어● 개발자', 드론의 종류와 기능에 맞게 생김새를 설계하는 '디자이너'가 그

● 소프트웨어: 컴퓨터 구성 요소 중, 기계적 장치인 하드웨어의 반대적인 개념으로 컴퓨터를 움직이는 모든 종류의 프로그램을 말한다. 여기서는 드론의 비행 성능 및 기능을 향상시키는 컴퓨터 프로그램을 뜻한다.

런 일을 한다.

교육 분야 드론 전문가

정부는 드론 교육 전문기관을 지정해 드론 교육을 강화하고, 전문가 양성에 힘을 쏟고 있다. 일부 고등학교와 대학에서는 이미 드론학과 및 무인항공기학과 등을 개설해 인재를 배출하고 있다. 정식 수업은 아니지만, 방과 후 학교 수업 과목으로도 인기가 높아지고 있다.

'드론 교육전문가'는 드론을 배우려는 지망생에게 드론 시스템의 구조와 작동 원리 등 이론과 조종 방법을 가르친다. 관련 교육을 위한 자료나 교구재를 개발해 만들기도 한다. 이들은 '초경량비행장치(드론) 조종자격증' 외에도 '드론 지도 조종자격증'을 가지고 있다. 드론 교육을 전담하며 항공기 모의조종장치⁎를 사용해 단계별 혹은 상황별로 조종 훈련을 실시하기도 하고, 실제 비행 실습을 통해 조종 능력을 높이도록 돕는다.

● 모의조종장치(Simulator): 비행 실습 전, 실제 비행처럼 훈련하도록 만든 컴퓨터 프로그램이다. 마치 컴퓨터 게임처럼 초급부터 고급까지 난이도에 따라 훈련이 가능하다.

자동차 접촉사고가 났을 때 운전자는 가입한 보험회사로 연락을 해야 한다. 잠시 후 사고현장에 출동하는 사람이 있는데, 바로 사고조사관이다. 조사관은 사고 당사자 양쪽의 진술을 기록하고 사고 당시 영상이 담겨 있는 블랙박스나 CCTV 등을 확인한다. 그리고 사고 원인과 책임 정도를 따져 보상 문제 등을 협의한다. 마찬가지로 드론 사용자가 많아지고 드론끼리 충돌하는 사고가 발생하는 만큼, '드론 사고조사관'도 새로운 직업으로 떠오르고 있다.

'드론 운항관리사'와 '드론 표준전문가'도 새로운 직업으로 거론된다. 드론 운항관리사는 노선, 고도, 비행속도, 운항 예정 시간 등을 고려해 적합한 비행 계획을 세운다. 또 잠재적 위험을 분석하고 안전한 비행을 관리, 감독하는 전문가이다.

드론 표준전문가는 다양한 종류의 드론을 합리적으로 분류해 그에 맞는 기준을 세우는 사람이다. 국가별 혹은 지역별 드론 운용에 대한 규정을 일정한 규칙과 기준으로 표준화하고, 시험, 검사 인증 등을 통해 적합성을 평가하는 일을 한다.

드론의 비행 원리와 구조

드론은 어떻게 하늘을 날까?

드론은 여러 개의 날개, 즉 다수의 프로펠러를 사용해 '멀티콥터'●라고 부르기도 한다. 각각의 날개가 회전 속도를 높이고 줄이면서 상하, 전후, 좌우의 방향으로 움직인다. 날개의 개수와 종류는 다르지만 비행기, 헬리콥터, 드론이 하늘을 날 수 있는 건 바람의 힘을 이용하기 때문이다. 날기 위해 활주로를 빠르게 달리거나 프로펠러를 돌려 바람을 일으킨다. '공중에 띄우는 힘(양력)'과 '전진하는 힘(추력)'을 얻기 위해서다.

드론이 이륙하는 원리를 간단하게 살펴보자. 서서히 프로

● 멀티콥터(Multi-copter): '여러 개, 다수'라는 뜻의 멀티(Multi)와 헬리콥터(Helicopter)의 합성어이다. 프로펠러가 4개면 쿼드콥터, 6개는 헥사콥터, 8개는 옥타콥터라고 부른다.

펠러가 돌아가면 '지구에서 당기는 힘(중력)'보다 강한 '양력'을 얻어 드론이 땅 위에서 하늘로 뜨게 된다. 그리고 '공기가 뒤로 끄는 힘(항력)'을 이겨낸 '추력'으로 앞으로 나아간다.

날개 회전 속도를 빠르게 하면 공중으로 올라가고, 천천히 속도를 줄이면 지상으로 내려간다. 이동 방향 또한 날개의 회전속도로 조절한다. 오른쪽 방향으로 가려면 오른쪽 날개의 회전수를 낮춰 속도를 줄인다. 그러면 왼쪽에 바람의 양이 더 많아 기체가 오른쪽으로 기울면서 방향을 바꾼다. 반대로 왼쪽은 왼쪽 날개의 속도를 줄여 움직인다.

모든 드론이 회전날개를 달고 나는 것은 아니다. 비행기처럼 '고정된 날개(고정익)'를 가진 드론도 있다. 고정날개만 달린 드론은 공중에 가만히 떠 있거나 위아래로 자유롭게 날지는 못하지만, 회전날개 드론보다 더 빠른 속도로 더 오랜 시간을 날 수 있다. 그래서 군사용 목적으로 무기나 군수품을 실어 나르는 데 주로 쓰인다. 고정날개와 회전날개가 함께 달린 고가의 드론도 있다.

드론 기체에는 무엇이 있을까?

드론은 크게 네 가지로 구성되어 있다. 지상의 원격 조종기와 신호를 주고받는 '통신기기', 비행 조종과 관련한 '비행 컨트롤러(비행 제어기)', 드론을 움직이게 하는 '동력기기', 마지막으로 카메라 등 각종 추가 장치인 '페이로드'이다.

'통신기기'에는 지상의 원격조종기(무선조종기)로부터 명령을 받는 수신기와 촬영한 영상 등을 지상으로 보내는 송신기가 있다. 또 드론의 위치나 속도 등의 정보를 보내는 송신기가 있으며, 와이파이 혹은 LTE 송수신기 등이 탑재되기도 한다.

'비행 컨트롤러'는 드론의 심장이나 두뇌에 해당한다. 안정적인 비행을 위해 비행의 성능과 조작에 관한 일을 제어한다. 가속도, 기압, 위치 등을 파악하는 각종 센서가 비행 상태를 측정한다. 그리고 안정적인 비행을 이끌기 위해 모터의 회전 속도를 계산해 동력기기로 신호를 전달한다.

'동력기기' 중 하나인 모터 변속기는 비행 컨트롤러에서 받은 신호에 따라 모터를 움직인다. 드론은 프로펠러에 모터가 하나씩 연결되어 있다. 그래서 각 모터의 회전에 따라 프로펠러도 따로 움직인다. 모터는 프로펠러의 회전 속도를 각각 조절해 상하, 전후, 좌우로 방향을 바꾼다. 이때 배터리는 모터에 전력을 공급하는 역할을 한다.

'페이로드'는 드론의 사용 목적에 따라 추가되는 장치이다. 촬영용 드론을 위한 비디오카메라, 소방용 드론이 야간 산불 감시를 하기 위한 적외선 카메라, 농업용 드론이 뿌리는 농약 살포기 등이 있다.

이처럼 드론은 다양한 역할을 수행하기 위해서 비행 기술은 물론 센서, 통신 기술 등 첨단기술과 결합되어 있다. 특히 최근에는 세계적 기업들이 나서서 인공지능과 결합한 자율 비행 드론 택시를 개발하는 데 힘을 쏟고 있다.

2장
내가 드론 전문가가
되기까지

드론과
가까워지기

어서 와, 드론은 처음이지?

드론 산업의 성장에 따라 관련 직업에 대한 관심과 기대가 높다. 그런데 정작 드론 전문가가 되려면 무엇부터 해야 할지 막막하다. 어떻게 준비해야 할까?

진로를 결정할 때, 미래 전망을 따지는 것은 매우 당연한 일이다. 그와 함께 고려해야 할 것은 '재미'다. "천재는 노력하는 사람을 이길 수 없고, 노력하는 사람은 즐기는 사람을 이길 수 없다."라는 명언이 있다. 재능과 노력이 중요하지 않다는 의미가 아니다. 자신이 좋아하고 즐기는 일을 해야 재능과 노력이 더 빛을 발한다는 뜻이다. 누군가에게는 재미있는 일이 나에게는 고통일 수도 있다. 특히 진로를 고민하며 드론 전문가의 길도 생각하고 있다면, 드론을 만나 교감하는 시간이 반드시 필요하다. 드론을 체험할 수 있는 무료 전시회에 참여해 보는 것도 좋다.

드론의 현재와 미래를 보여 주는 전시회

2019년 1월, 정부의 산업통상자원부와 부산시가 주최하고 벡스코와 한국무인기시스템협회가 주관한 '2019 드론쇼 코리아'가 열렸다. 3회째를 맞은 이 행사는 아시아 최대 규모로 드론 산업의 현재와 미래 변화를 예측하고 정보를 공유하는 자리였다. 100여 개 관련 기업은 그 자리에서 해외 수출 및 투자 상담을 진행했으며, 드론의 인기를 증명하듯 무려 2만 5,000명 이상이 전시회를 다녀갔다.

특히 다채로운 체험 행사가 많아 가족 단위 관람객이 많이 몰렸다. DIY* 드론 조립 및 코딩 교육은 큰 인기를 끌어 사전 접수는 물론 현장 접수도 금세 마감됐다. 또 참가 기업들이 마련한 비행체험을 비롯해 드론 격투기, 드론 축구 등 이색적인 스포츠 경기가 열려 관람객의 이목을 집중시켰다.

한국무인기시스템협회, 한국드론산업진흥협회, 한국드론협회 등 드론 관련 기관에서는 드론 산업을 발전시키기 위한 전시회나 행사를 마련하고 있다. 다양한 이론은 물론 실습 경험을 쌓을 기회를 만나 보자.

●　DIY(Do It Yourself): 소비자가 자신이 원하는 물건을 직접 만들 수 있도록 한 상품. 대부분은 절반 정도 완성된 제품을 소비자가 조립하여 나머지 절반을 제작하도록 한 상품이다.

전국에서 만나는 드론 체험

서울 성동구청은 2018년에 '드론 실내 체험장'*을 마련했다. 이곳에서는 성동구 주민을 대상으로 드론 군집 비행, 드론 축구, 드론 레이싱, 드론 제작, 드론 국가자격증 대비 이론 학습 등의 드론 교육 프로그램을 운영하고 있으며, 초·중·고 학생을 대상으로 드론 진로체험 과정도 운영할 예정이다. 실내이기 때문에 날씨와 비행금지구역에 관계없이 개인이 자유롭게 드론을 가져와 비행 연습을 할 수 있어 인기가 높다. 참가비는 무료이며 일부 재료비는 별도로 내야 한다.

2016년에는 익산지방국토관리청이 담양 드론체험 교육장**을 만들었다. 이 체험장은 축구장 면적의 1.5배 규모로 30명을 동시에 수용할 수 있는 실내 교육장과 수준별 체험장, 레이싱 경기장 등을 갖췄다. 평일에는 주로 회당 20여 명씩 단체 교육을 실시하고, 토요일에는 개인 신청자를 대상으로 체험교육을 진행한다. 체험 비용은 무료이다.

드론 체험은 지역 축제에서도 단골로 등장하고 있다. 2018년 12월에 열린 '광명 드론&로봇 페스티벌 축제'에는 영하의 추운 날씨에도 많은 사람이 참여했다.

---

* 성동구 4차 산업 혁명 체험센터. http://sdfic.co.kr
** 한국수자원공사에서 운영을 맡고 있기 때문에 우리강 이용도우미 홈페이지에서 예약을 하면 된다. http://www.riverguide.go.kr

제주도에서는 드론의 혁신기술과 예술이 결합된 색다른 축제가 열리기도 했다. 제주항공우주박물관에서 개최한 '2018 제주 드론필름 페스티벌'은 드론 영상 영화제이다. 세계 각국에서 출품된 350여 개의 작품 중 본선에 오른 28편의 드론 사진과 영상을 만날 수 있었다. 또 '드론 아카데미'를 진행하여 드론 교육 및 조종 체험 행사도 가졌다. 제주시는 매년 드론 영상 영화제를 열 계획이다.

이밖에도 포항시, 수원시, 용인시, 청주시, 계룡시 등 전국에서 드론 축제가 열리고 있으며, 앞으로도 꾸준히 진행될 예정이다. 지역 주민이 드론의 첨단기술을 직접 체험하고 이해할 수 있는 기회를 제공하기 위해 전국 각처의 노력이 이어지고 있다.

취미용 드론의 인기

재미나 행복은 배우는 게 아니라 스스로 느끼는 것이다. 드론과의 만남에 재미를 느낀 사람들은 자발적으로 드론 시장의 주요 소비자층이 되었다. 초기 드론은 조립 과정이 복잡하고 비싼 가격 탓에 큰 관심을 받지 못했다. 그러다 완성된 기체가 저렴한 가격으로 출시되고 스마트폰으로도 조종이 가능해지는 등 드론을 접하기가 쉬워지면서 인기가 치솟았다. 특별한 취미를 찾던 사람들은 드론에 열광했고, 취미용 드론의 인기가 폭발했다.

취미용 드론의 매력은 DIY가 가능하다는 것이다. 조립을 통해 이용자가 원하는 기능을 추가할 수 있어 호기심을 더욱 자극한다. 특히 드론은 카메라를 탑재하면 공중 촬영을 손쉽게 할 수 있어 카메라 애호가에게도 매력적인 취미이다. 이러한 소비자의 요구를 반영해 다양한 드론 조립 키트가 판매되고 있다. 드론 애호가들은 인터넷 커뮤니티 활동을 통해 자신이 만든 드론을 공개하고, 색다른 도전에 대한 열정을 불태우고 있다. 여러분이 만약 드론에 재미를 느낀다면 그 대열에 합류할 가능성이 크다.

드론으로 나의 진로
찾아가기

학교 안팎의 드론 교실

전라남도 신안군의 섬마을 임자도. 이곳의 임자남초등학교는 전라남도교육청과 지역 기업의 지원으로 방과 후 수업에 드론 교실을 개설했다. 수업에 참여한 아이들 가운데 몇몇은 '2018 목포과학축전'에서 열린 드론 레이싱 대회에 참가해 우수한 성적을 내기도 했다. 방과 후 수업을 통해 드론을 처음 만난 아이들은 미래 기술을 접하며 자신의 꿈을 키워가고 있다.

경상남도 사천교육지원청에서는 '찾아가는 드론 교실과 파일럿 학교'를 운영했다. 드론 조종을 넘어 드론의 비행 원리를 배우고 체험하는 교육 프로그램이다. 관내 16개 초등학교와 8개 중학교에서 학생 400여 명이 참여했다. 참가 학생들은 진로 체험을 동시에 경험하는 기회에 열정적으로 참여했다.

경기도 화성시는 2018년 관내 초·중·고 38개교를 대상으로 '찾아가는 드론 스쿨'을 진행했다. 드론의 기본 조종기술과 이론 교육 및 실습에 1,000여 명 이상이 참여했다. 특히 서신초·마산초·송린중·두레자연고·예당고 등 20개 학교는 정규 교과과정과 연계한 수업으로 보다 많은 학생이 드론을 경험할 수 있도록 했다.

학교 밖에서도 '드론 교실'이 운영되고 있다. 서울시 영등포구를 비롯한 다수의 지자체에서 방학 기간 중 초·중학생 대상으로 드론 교육 프로그램을 진행한다. 이처럼 학교나 교육청 및 지자체에서 다양한 드론 교육을 실시하고 있다. 이를 통해 꿈을 키워가는 청소년들이 미래 기술을 경험하며 자신의 진로를 결정하는 데 도움을 주고 있다.

중학교 때는 자유학기제 활용

초등학교 때가 좋아하는 일을 다양하게 체험해 보는 시기라면, 중학교는 흥미나 적성에 따라 자신의 진로를 고민하는 시기이다. 자신의 소질과 적성을 알아보기 위해 스스로 자기만의 진로 탐색 시간표를 채워 나가야 한다.

2016년부터 전국의 모든 중학교에서 '자유학기제'가 시행되고 있다. 자유학기제는 한 학기 동안 교과중심 교육에서 벗어나 학생의 소질과 적성을 키우는 다양한 체험활동을 중심으로 교육과정을 운영하는 제도이다. 학생들에게 진로선택을 위한 체험적 학습의 기회를 제공하는 데 그 목표가 있다.

학교는 자유학기제 기간에 반을 재편성해 수업 참여도를 높이고 체험 수업의 내실을 다지기도 한다. 평가 방법은 중간고사, 기말고사가 아닌 관찰평가와 포트폴리오 평가, 수행평가 등으로 대체된다.

자유학기제 기간에는 교과수업과 자유학기 활동으로 나뉜다. 오전에는 주로 국어, 영어, 수학, 사회, 과학 등 교과 수업이 진행된다. 이때에도 토론과 실험·실습, 프로젝트 등을 통해 학생들이 주도적으로 참여한다. 오후에는 진로탐색 활동, 주제선택 활동, 예술·체육 활동, 동아리 활동 등으로 구성된 자유학기 활동을 한다. 학생들은 평소에 접하지 못한 드론, 공예, 연주, 코딩, 뮤지컬, 만화창작 등 다양한 분야를 체험하고 자신의 꿈을 키워 나간다.

자유학기·학년제 연계 프로그램

자유학기제가 시행된 후, 한국교육개발원이 학생·교사·학부모 대상으로 만족도를 조사했다. 이에 따르면 교사는 다양한 수업을 운영하는 동안 교육 역량이 강화되었다고 응답했고, 학부모는 학교 교육에 더 관심을 기울이게 되었다는 의견이 많았다. 학생은 수업 참여도와 학교생활 만족도가 크게 상승했다. 더 의미 있는 것은 스스로 참여하고 적극적으로 진로를 탐색하는 동안 협력의 가치를 깨닫게 되었다는 점이다.

이러한 긍정적 변화에 힘입어 한 학기 동안 진행되던 자유학기제가 1년으로 확대됐다. 그것이 바로 '자유학년제'이다. 자유학년제는 2018년 경기도, 강원도, 광주광역시, 대전광역시, 대구광역시에서 처음 실시됐다. 2019년부터는 자유학년제를 희망하는 전국의 1,500여 학교에서 시행한다.

자유학기 활동 프로그램은 해당 학교의 자체적인 프로그램뿐만 아니라 지역 기관·대학·기업 등의 '자유학기제 지원 프로그램'과 연계돼 진행된다.

제주대학교의 경우 2017년 도내 28개 학교 3,408명을 대상으로 드론 체험교육을 포함한 자유학기제 프로그램 30개를 운영했다. 청주대학교 항공기계공학과도 자유학기제 지원 프로그램인 IT 스쿨을 운영, 항공기 및 드론 설계 등의 체험교육을 진행하고 있다. 경상남도 밀양시에서도 자유학기제 연계형 사업으로 드론 등 6개의 체험 프로그램을 운영한다. 이밖에도 교육부 인증 진로체험기관 등에서 다양한 교육 프로그램을 개발해 자유학기제의 의미를 넓히고 있다.

고교학점제에 맞춰 심화 탐색

진로 탐색은 고등학교 교육과정에서 더욱 심화된다. 고등학교에서 시행하는 고교학점제는 대학처럼 학생이 원하는 수업을 선택하고 일정 학점을 이수하면 졸업하는 제도이다. 학생이 자신의 진로와 적성에 따라 결정하는 것이 핵심이다.

교육 선진국으로 불리는 핀란드, 스웨덴, 영국, 독일 등 유럽과 미국에서는 오래전부터 고교학점제를 시행해 오고 있다. 전체가 동일한 과목을 듣는 대신 자신의 관심에 따라 진로와 적성에 맞는 과목을 스스로 선택하도록 한다.

우리나라는 2018년에 전국 일반·직업계고 학교 중 100여 개의 시범학교를 선정해 1년 동안 고교학점제를 운영했다. 고교학점제는 고교 필수 과목과 선택과목으로 나뉘어 운영된다. 필수 과목은 국어, 수학, 영어, 한국사, 공통사회, 공통과학 등이다. 선택과목은 개별 학교에 따라 편성된다. 학교에서 개설하기 힘든 교과목은 인근 학교와 협력해서 공동으로 운영하기도 한다. 국제정치, 제2외국어, 로봇제작, 드론제어, 영화제작 실습 등 다양한 교과목을 개설해 협력 학교에서 과목을 이수하기도 한다.

인천의 한 고등학교는 4차 산업 혁명에 따른 미래 사회의 변화에 대비해 정보통신 관련 과목으로 'IT 융합 관련 프로그램'을 시행했다. 전 학년이 IT 관련 교육을 받을 수 있도록 방과 후 학교에 프로그래밍, 3D 모델링, 로봇&드론 제어 과목을 개설했다. 뿐만 아니라 IT 교육관련 업체와 업무 협약을 체결해 초급부터 중급까지 세분화된 교육 프로그램을 마련했다. 이외에도 고교학점제를 활용해 과학실험교실, IT 기술, 드론, 고전 읽기, 논리적 글쓰기, 심리학, 실용영어, 디자인, 음악 실기, 스포츠클럽 등 다양한 체험 활동 프로그램이 개설되고 있다.

2019년부터 점차 확대, 서울은 전면 도입

고교학점제 시범학교는 2019년부터 총 350여 곳으로 늘어나 연구·선도학교로 운영된다. 정부는 2018~2021년 고교학점제 기반을 마련하고 2022~2024년까지 제도 부분 도입을, 2025년부터 전면 시행할 계획이다. 2018년에 선도학교 20곳을 운영한 서울시교육청은 2019년부터 모든 일반고로 확대하기로 했다.

또한 서울시교육청은 2018년부터 특성화고나 산업정보학교, 문화예술정보학교 중 5곳을 로봇, 코딩, 드론 등 '미래기술'을 가르치는 수업을 운영하는 '미래기술 영역 협력 교육과정' 거점학교로 지정하고 운영해 왔다.

개설 과목은 선택과목에 대한 학생 수요 조사를 실시한 뒤 확정되는데, 단일 학교가 개설하기 어려운 과목은 거점학교를 두고 인근 학교와 협력해 공동으로 개설한다. 예를 들어 특성화고에서 개설된 로봇, 드론, 코딩과 같은 미래 기술 영역의 과목을 일반고 학생에게도 참여하도록 기회를 제공하는 것이다. 이처럼 흥미와 적성에 따라 스스로 과목을 선택하고 자신의 진로를 더 깊이 탐색할 수 있게 됐다.

정규 교육과정
따라가기

드론 전문가 양성하는 특성화고등학교

일부 고등학교는 드론 전문가 양성을 목표로 이론과 실습이 결합된 정규 교육과정을 운영하고 있다. 교육부는 새로운 시대에 맞는 인재를 양성한다는 목표로 드론 정규 교육과정을 도입하기로 하고, 전국에 드론 특성화고등학교를 선정했다. 선정된 학교는 4차 산업 혁명시대에 꼭 필요한 미래 유망 기술 분야 학과로 개편해 신입생을 모집하고 있다.

드론 특성화교육을 시행하는 고등학교

학교명	학과명	소재지
인천하이텍고등학교	드론운용과, 드론도시설계과	경기
경북드론고등학교(청도 전자고에서 교명 변경)	드론전자과	경북
안강전자고등학교	드론전자과	경북
고흥산업과학고	드론산업과	전남
숭의과학기술고	스마트드론전자과	전남
대전전자디자인고	드론전자과	충남
원주공업고등학교	드론전자과	강원
경남전자고등학교	드론전자과	경남
금천문화예술정보학교	드론운영과	서울시 드론 교육과정 거점학교

해당 학교는 교내에 드론 조종자 자격시험장을 갖추는 등 최적의 드론 교육 조건을 마련하고 조립, 코딩, 비행부터 정비까지 드론 전문가에게 필요한 역량을 교육한다. 물론 아직은 초기 단계로, 새로운 교육과정에 따라 교재를 개발해 핵심 기술을 효율적으로 가르쳐야 하는 과제가 남아 있다. 그렇지만 산학협력을 통해 드론 기업 현장 실습 및 기술인력 지원도 받고 있어 학생들의 기대는 어느 때보다도 크다.

드론 전문가로서 남들보다 빨리 사회에 진출하고자 하는

학생에게는 반가운 기회이다. 취업부터 해서 사회생활을 일찍 시작하고 나중에 대학 진학을 고민할지, 대학 진학 후에 취업을 할지 등 선택은 본인의 몫이다. 입학 설명회 혹은 입학 상담으로 꼼꼼히 정보를 확인하고 부모님이나 선생님과 충분히 의논하자. 현명한 선택을 위한 길잡이가 되어 줄 것이다.

드론 전문가에게 유리한 전공은?

앞서 1장에서 살펴본 것처럼 드론 전문가는 드론에 관한 전문지식을 가지고 조종, 디자인, 제작, 연구, 기술개발, 상용화, 정비, 촬영, 교육 등 다양한 분야에서 업무를 수행한다. 본인의 관심과 적성에 맞게 업무 영역을 선택해 전문가로서 활동하는 것이다. 이때 공통적으로 요구되는 능력이 있다. 드론의 구조와 작동원리를 이해하는 것이다. 이 때문에 기계와 전자, 정보통신, 컴퓨터 프로그램에 대한 기초 지식이 필요하다. 그래서 드론 전문가가 되려는 사람은 고등학교에서는 이과, 대학에서는 공학계열 전공을 선택하는 것이 유리하다.

일부 대학교는 발 빠르게 드론학과를 개설해 체계적인 교육을 하고 있다. 대학에 진학해 더 많은 이론적 지식과 실습 경험을 쌓으려는 사람에게는 또 하나의 선택지가 주어진 것이다. 드론학과에서는 비행 실습은 물론 항공우주학, 비행역학, 항공기체, 항공법, 무선통신 및 조종, 드론 시스템 제어 등 심화된 이론 교육을 가르친다.

드론학과 개설 대학교 현황

학교명	학과명	소재지
부산과학기술대	드론공간정보과	경남
한서대	무인항공기학과	충남
영산대	드론교통공학과	경남
초당대	드론학과	전남
강원도립대	ICT드론과	강원
동강대	드론과	전남
세경대	전기자동차 · 드론과	강원
수성대	드론기계과	경북
대경대	드론과	경북
한국국제대	무인항공기학과	경남
경운대	무인기공학과	경북
청주대	항공기계학과	충북
인제대	드론IoT시뮬레이션학부	경남
배재대	드론 · 로봇공학과	대전
신한대	사이버드론봇군사학과	경기
광주대	사진영상드론학과	광주
포항대	국방드론항공과	경북
오산대	기술드론부사관과	경기
신성대	드론공간정보과	충남
마산대	드론로봇공학과	경남

한국영상대	드론영상정보과	충남
전남과학대학교	드론제작운항과	전남
여주대학교	무인항공드론과	경기
충북도립대학	컴퓨터드론과	충북
수성대학교	드론기계과	경북
가톨릭관동대	무인항공학과	강원

드론학과뿐만 아니라 전자·전기, 기계공학, 정보·통신공학, 항공·우주공학, 컴퓨터공학 등 일반 대학교의 공학계열에서 필요한 이론적 지식을 배울 수 있다. 드론 전문가가 되는 길은 한 가지가 아니다. 대학 전공 하나에만 국한되지 않는다. 다만 복합적인 기술을 이해하고 실현해야 하므로 본인의 학습 노력이 필요하다. 무엇보다 드론 전문가는 개발이나 제작 경험이 많아야 전문가로서 인정받기 때문에 다양한 경험을 쌓아야 한다.

취업 현장에서 기업들이 대학교 졸업자를 선호하는 것도 무시할 수 없는 현실이다. 코딩 실력과 드론 조종 실력에 학력과 외국어 능력까지 갖추고 있다면, 드론 전문가로서 업계 최고 수준의 연봉을 받으며 국내는 물론 해외 유망기업의 취업 제의도 많을 것이다.

국가가 인정하는 전문 자격증 취득하기

자동차를 운전하려면 무조건 운전면허증이 필수다. 드론 레이싱 선수는 드론 조종자 자격증이 없어도 된다. 취미로 드론을 날리는 사람도 마찬가지다. 대부분 드론의 무게가 12kg을 초과하지 않기 때문이다. 12kg을 초과하더라도 사업용이 아닌 취미용일 경우에는 자격증이 없어도 된다. 반면에 방제 및 촬영 등에 쓰이는 12kg 이상의 산업용 드론은 자격증이 꼭 있어야 한다.

한국교통안전공단에서 주관하는 '초경량비행장치 조종자' 면허시험을 통과해야 자격증을 취득할 수 있다. 초경량비행 장치는 항공법 용어로 드론을 이르는 말이다. 14세 이상이면 누구나 응시할 수 있으며, 필기와 실기로 나뉘어 진행된다. 필기시험은 항공법규, 항공기상, 비행 이론 및 운용 등과 관련한 내용으로 총 40문항이다. 실기시험은 지상, 공중, 착륙, 비행 후 점검 등을 테스트한다. 필기시험 합격 후, 지정된 기관에서 20시간의 비행 실습 시간을 이수해야 실기시험에 응시할 자격이 주어진다.

운전면허학원에서 운전면허증을 따듯이, 드론 조종자 자격증도 국토부에서 지정한 드론 전문 교육기관에서 이론 교육과 모의비행 교육을 받아 취득할 수 있다. 지정 전문 교육기관의 장점은 자격증 취득에 필요한 별도의 필기시험 없이 교육원 자체시험으로 대체한다는 점이다. 또 실기시험도 시험장이 아닌 익숙한 교육장에서 치를 수 있어 이득이다.

국토교통부 지정 전문 교육기관 현황

기관명	소재지	홈페이지 및 연락처
아세아무인항공교육원	서울/경기	http://www.aseauav.co.kr 02-717-6748
대한상공회의소 무인항공교육센터	서울/ 지역캠퍼스	https://drone.korchamhrd.net 02-6050-3916
한국모형항공협회 무인항공교육원	서울/강원	http://www.koreaupa.com 02-548-1961
한국영상대학교 초경량무인비행교육원	충남	http://drone.pro.ac.kr 044-850-9493
대한무인항공교육원	서울/강원	http://rpaskorea.com 02-545-0400
한국항공대학교 비행교육원	경기	http://www.kau.ac.kr/ftc 02-300-0325
에이스 드론아카데미	서울/경기	http://acedrone.cafe24.com 02-523-3001
일렉버드 무인항공기교육원	경기	http://elecbird-edu.com 031-812-8112
날틀 무인항공기교육원	경기	http://nalteul.com 031-655-9188
(주)카스컴 무인항공 교육원	충북	http://www.kascom.kr 043-233-5993
새만금항공	전북	http://smg-air.co.kr 063-275-4816
서해드론교육원	전북	https://sdadrone.modoo.at 063-543-6800

에어콤 영암교육원	전남	http://www.드론교육원.com 061-473-8883
(주)골드론 장성무인항공교육원	전남	http://dronedu.co.kr 061-394-3396
우리기술진흥법인	전남	https://www.woorijob.org 070-7076-5137
(주)날다 광양무인항공교육원	전남	http://www.naldadrone.com 061-763-2400
신라대학교 부산 무인항공교육원	경남	http://www.busandrone. co.kr 051-639-7733
창원무인항공교육원	경남	http://www.cwdrone.kr 055-276-2676
가톨릭관동대 무인기교육원	강원	http://www.universalds.kr 033-655-4469
경일대학교 무인항공교육원	경북	https://drone.kiu.ac.kr 053-600-4564
제주유니에어 드론 비행교육원	제주도 서귀포시	http://www.jejuuniair.com 064-721-9191

이론시험은 독학으로 치른다 해도, 실기시험 자격은 20시간의 비행실습시간을 채운 비행경력 증명서가 있어야 하며, 평균 300만 원가량의 교육비가 필요하다. 교육기관마다 일정과 내용에 따라 교육비가 다르므로 직접 문의한 후에, 오가는 거리를 계산해 신중하게 선택하는 것이 좋다.

한편 드론 자격증 취득을 위한 교육비 일부를 지원해 주는 지자체가 늘고 있다. 전남 장성군과 충청북도는 자격증 취득을 위한 교육비 50%를 지원하고 있다. 교육기관 등록 전에 각 지자체에 문의해 잘 알아보면 도움을 받을 수 있다.

나만의 알짜정보
수집하기

드론 시장을 주름잡는 해외 기업

구글, 아마존, DHL 등 글로벌 기업은 일찌감치 드론을 활용한 서비스 사업에 뛰어들었다. 세계 각국은 시장 선점을 위해 드론 개발에 막대한 돈을 투자하며 사업영역을 확장하고 있다.

세계 드론 산업에는 특히 군수품을 생산하는 방위산업체가 군용 드론 개발을 주도하면서 성장했다. 미국과 이스라엘이 군용 드론 시장에서 앞서고 있는 이유도 이 때문이다.

취미용 드론 시장은 중국이 압도적 1위를 차지하며, 프랑스, 독일, 영국 등 유럽이 상위권을 형성한다.

글로벌 기업의 드론 관련 현황

기업명	국가	특 징
보잉	미국	세계 최대 규모 항공사로 기술력을 바탕으로 다수 무인기 개발
아마존	미국	미국의 IT 기업으로 배달 드론 시스템인 '프라임 에어' 실용화 추진 중
DHL	독일	세계적인 물류기업으로 소형 드론 '파슬콥터'로 택배 서비스 시행
LAI / Elbit	이스라엘	기술력과 실전경험을 바탕으로 군사적 임무에 드론을 적극적으로 활용
DJI	중국	세계 취미용 드론 시장의 60% 이상 점유하는 업계 1위. 팬텀 시리즈와 인스파이어가 크게 히트
패럿	프랑스	취미용 드론 시장 세계 2위로 귀여운 디자인이 특징. 대표적 제품은 '비밥 드론'
3D로보틱스	미국	한때 세계 3대 드론 제조사로 평가받았으나, 현재는 생산을 중단하고 소프트웨어 개발에 집중
에어로바이런먼트	미국	미국 국방부 소형 무인기의 80% 이상을 차지
에어버스	유럽/다국적 기업	영국 드론 기업 키네틱을 인수해 인공위성을 대체할 '태양광 드론 제퍼S' 성층권 최장 연속 비행 기록
페이스북	미국	대표적인 SNS 기업으로, 낙후된 지역에 인터넷 보급을 위해 드론 개발 시작
디드론	독일	드론 방어 솔루션 부문 최고 기술 보유사

국내 드론 산업을 이끄는 기업

우리나라의 드론 기술 수준은 현재 어디까지 와 있을까? 우리나라는 세계적으로 대단히 우수한 드론 기술을 보유한 국가이며, 세계 7위 수준으로 평가받고 있다. 드론이 처음부터 군사 용도로 개발된 만큼 우리나라에서도 군수품을 생산하는 방위산업체가 군용 드론 개발을 주도하며 드론 시장의 대표주지로 나섰다. 후발주자 또한 독자기술 개발과 새로운 아이디어로 영향력을 키우고 있다.

드론의 연구개발은 정부출연 연구기관●이 주도하는 가운데, 대기업을 포함한 중소기업이 독자기술을 개발하고 있다. 대기업은 이제 군수용에서 상업용 시장으로 영역을 확장하고 있으며, 관련 벤처기업도 속속 늘어가고 있다. 촬영용 드론, 방제용 드론 등 기술 개발이 다각도로 이뤄지고 있다.

미래 산업 성장에 큰 기대를 걸고 있는 드론 업계에는 더 많은 전문가가 필요하다. 기술력을 갖춘 인재가 많아야 드론 시장에서 주도권을 가질 수 있기 때문이다. 가끔은 드론 업계 동향을 수집하며 자기만의 알짜정보를 정리해 보자. 관심 기업이 어떤 목표로 사업을 펼치며, 인재에게 어떠한 대우를 하는지는 매우 중요한 사안이다.

●　정부출연 연구기관: 정부가 일정 예산으로 운영비와 사업비를 지원하는 기관으로, 주로 정책과 관련한 연구를 수행한다.

국내 드론 업계 현황

구분	기관명	특징
대기업	대한항공, 한화, LG CNS, LG 유플러스, LIG넥스원, 삼성텔레스, 한국항공우주산업, 퍼스텍, CJ 등	• 방위산업 관련 제품을 주로 생산하며 성장 • 군용 드론 개발 주도 • 민간 드론으로 영역 확장
강·중소 기업	유콘시스템, 바이로봇, 성우엔지니어링, 엑스드론, 그리폰다이나믹스, 마린로보틱스, 한국드론, 샘코, 두시텍, 피스퀘어, 유비파이, 한국드론, 헬셀, 케바드론, 휴니드 등	• 독자적인 기술력 확보 주력 • 다양한 기술 서비스 발굴 • 해외 수출로 판로 개척
연구 기관	한국항공우주연구원, 한국전자통신연구원, 기계연구원 등	• 정부출연 연구기관 • 드론 업계와 연구 협력 역할 수행 • 무인기 관련 기술 주도

기타 도움이 되는 정보

산업용 드론뿐만 아니라 취미용 드론 시장도 크게 성장하면서 드론 관련 단체도 많이 생겨났다. 단체들은 관련 행사를 주관하며 저변확대에 나서고 있다. 무료 체험 이벤트 등을 확인하고 드론 동향을 확인하는 데 유용하다.

드론 관련 정부 정책을 확인하기 위해서는 국토교통부 홈페이지를 이용하는 것이 좋다. 정책 방향에 따라 진로를 구체화하는 데 도움이 된다. 예비창업자를 위한 창업지원제도 및 지원절차 등을 정부 관계기관 홈페이지에서 확인할 수 있다.

드론 관련 민간단체 현황

구분	기관명	홈페이지
민간 단체	한국드론산업협회	http://www.kdrone.org
	한국드론레이싱협회	http://kdra.org
	대한드론진흥협회	http://www.kodpa.or.kr
	대한드론협회	http://korea-drone.or.kr
	한국드론협동조합	https://www.facebook.com/koreadronecorp
공공 기관	국토교통부	드론 정책 확인 http://www.molit.go.kr
	한국고용정보원	청소년 취업 · 진로 정보 http://www.keis.or.kr
	한국교통안전공단	자격시험 정보 https://www.kaa.atims.kr
	고용노동부	창업 지원제도 확인 http://www.moel.go.kr
	항공안전기술원	예비창업자 또는 창업 7년 이내의 드론 관련 스타트업 · 벤처기업 지원 사업 http://www.kiast.or.kr
	한국직업능력개발원	진로 관련 연구 자료 http://www.krivet.re.kr
기타	교육부 산하 포털 운영 지원센터	특성화고 · 마이스터고 포털 http://www.hifive.go.kr
	한국대학교육협의회, 한국전문대학교육협의회	진로 · 대입정보 포털 http://www.adiga.kr

드론 비행 안전 가이드

드론 조종자 체크리스트	
사고나 분실에 대비해 장치에는 소유자 이름, 연락처를 기재하도록 합니다.	☐
항상 육안거리 내에서 비행합니다.	☐
야간에 비행하지 않습니다. (야간: 일몰 후부터 일출 전까지)	☐
사람이 많은 곳 위로 비행을 자제합니다. (인구밀집 지역 위 위험한 방식으로 비행 금지)	☐
음주 상태에서 조종하지 않습니다.	☐
비행 중 위험한 낙하물을 투하하지 않습니다.	☐
항공촬영 시 관할 기관의 사전 승인이 필요합니다.	☐
비행하기 전 해당 제품의 매뉴얼을 숙지합니다.	☐
전자파 인증을 받은 제품인지 확인합니다.	☐

출처: 국토교통부

즐거운 드론 비행은 관련 법률을 준수하는 것에서부터 시작한다. 드론 조종자는 안전한 드론 비행을 책임지는 사람이다. 사전에 비행금지구역을 확인하고 주변 환경을 점검해야 한다. 그렇지 않으면 불이익을 받거나 경제적 손실로 이어진다.

비행금지구역에서 드론을 날리면 200만 원 이하의 벌금형을 받는다. 만약 금지구역에서 드론을 날려야 한다면, 국방부 또는 지방항공청에서 사전 비행허가 신청을 해야 한다. 송전탑이나 고압선이 있는 지역은 드론과 조종기 사이의 통신을 방해하기 때문에 피하는 것이 좋다. 나무가 많은 곳은 시야가 가려져 드론을 분실할 수 있다. 안개가 많은 날엔 사고 위험이 높으니 조종하면 안 된다. 또 배터리, 조종기 등 드론 기기 상태를 점검해 정상적으로 작동하는지 확인한 뒤에 비행하자.

드론 조종자 준수사항

단순히 취미로 드론을 날리더라도 드론 조종자는 항공안전법이 정하는 안전수칙을 지켜야 한다. 드론의 무게나 용도에 관계없이 적용된다. 이를 어기면 최대 200만 원의 과태료가 부과되니 불이익을 받지 않기 위해서는 관련 법률을 준수해야 한다.

조종사 준수사항(항공안전법 제129조, 시행규칙 제310조)

△ 비행금지 시간대 : 야간비행(야간: 일몰 후부터 일출 전까지)

△ 비행금지 장소
(1) 비행장으로부터 반경 9.3km 이내인 곳
→ '관제권'이라고 불리는 곳으로 이착륙하는 항공기와 충돌위험 있음
(2) 비행금지구역(휴전선 인근, 서울도심 상공 일부)
→ 국방, 보안상의 이유로 비행이 금지된 곳
(3) 150m 이상의 고도
→ 항공기 비행항로가 설치된 공역임
(4) 인구밀집지역 또는 사람이 많이 모인 곳의 상공(예: 스포츠 경기장, 각종 행사 등 인파가 많이 모인 곳)
→ 기체가 떨어질 경우 인명피해 위험이 높음

▶ 비행금지 장소에서 비행하려는 경우 지방항공청 또는 국방부의 허가 필요(타 항공기 비행계획 등과 비교하여 가능할 경우에는 허가)

△ 비행금지 행위
(1) 비행 중 낙하물 투하 금지, 조종자 음주 상태에서 비행 금지
(2) 조종자가 육안으로 장치를 직접 볼 수 없을 때 비행 금지(예: 안개·황사 등으로 시야가 좋지 않은 경우, 눈으로 직접 볼 수 없는 곳까지 멀리 날리는 경우)

OX로 알아보는 드론 관련 제도

❶ 드론으로 사진 촬영을 하려면 허가가 필요하다?

O. 항공사진 촬영을 하려면 국방부의 허가가 필요하다. 국방정보본부 보안암호정책과에서 업무를 담당한다. 허가 신청 및 관련 정보는 원스톱 민원처리시스템(www.onestop.go.kr/drone)에서 확인할 수 있다.

❷ 실내 비행장에서 날려도 비행승인이 필요하다?

X. 천장과 사방이 막힌 실내에서는 비행승인이 필요하지 않다.

❸ 취미용 드론 조종자는 국가 자격증이 필요없다?

O. 드론 조종자 자격증이 없어도 된다. 단, 방제 및 촬영 등에 쓰이는 12kg 이상의 산업용 드론을 조종하려면 자격증이 꼭 있어야 한다.

❹ 항공촬영 허가를 받으면 비행승인을 받지 않아도 된다?

X. 항공촬영 허가와 비행승인은 따로 받아야 한다. 항공사진 촬영 허가는 국방부로부터, 비행승인은 관할기관에 신청해야 한다. 국방부와 한국드론협회가 공동 개발한 레디투플라이(Ready to fly) 스마트폰 앱을 다운받으면 관련 정보를 간편하게 조회할 수 있다.

사전 비행 승인 확인 방법
– 레디투플라이(Ready to Fly) 스마트폰 앱 안내

앱(App) 설치 방법	레디투플라이 기능
스마트폰 기기에 따라 안드로이드 또는 iOS 앱스토어에 접속하여 '레디투플라이(Ready to fly)'를 검색해 설치한다.	– 공역정보 조회: 전국에 설정된 공역 현황 – 지역 정보: 비행 승인 기관별 연락처 등 – FAQ: 드론과 관련된 필요 정보, 질의응답 등 – 조종자 준수사항 확인 – 기상정보 조회: 일몰·일출 시각, 풍속, 지구자기장 정보 등

레디투플라이 주요 기능		
공역 정보 조회 비행 금지 구역, 관제권 등 전국에 설정된 공역 현황	**비행 예정 지역 정보 검색** 검색한 지역의 공역 정보 등	**지역 정보** 비행 승인 소관 기관 (연락처) 및 현재 위치, 유의사항 등

출처: 국토교통부

3장
드론 전문가로
살아간다는 것

드론 전문가의
세부 업무 들여다보기

① 드론 조종사

드론 조종사는 어떤 일을 할까?

바다 한가운데, 여객선이 풍랑을 맞아 사고를 당했다. 사고지역에 구조선이 급파됐다. 그러나 빠른 물살에 구조대의 안전도 장담하지 못하는 상황. 이대로 밤이 되면 큰일이다. 사람은 차가운 바다에 빠지면 저체온증을 견뎌 내기 힘들다. 생명이 달린 일이므로 어려워도 수색작업을 포기할 수는 없다.

그때 드론이 바다 위를 날았다. 구조대원이 접근하기 어려운 곳을 구석구석 찾는다. 결국 사고 지역에서 조금 떨어진 곳에서 실종자를 발견해 냈다. 영상을 확인한 드론 조종사는 드론에 탑재된 구명 튜브를 재빨리 투하한다. 이렇게 생명을 살리는 '골

든타임'을 확보했다.

　조종 분야 드론 전문가는 다양한 영역에서 활동한다. 정찰 및 수색, 촬영, 산불감시, 측량, 교통량 모니터링, 농약살포 및 방제 등 드론의 사용 목적에 따라 드론을 조종한다. 드론 조종사는 세부 업무에 따라 촬영 드론 조종사, 측량 드론 조종사, 농약 살포 드론 조종사, 보안 드론 조종사 등으로 분류하기도 한다.

　드론 조종사는 비행 전에 드론의 상태를 확인해야 한다. 배터리, 주파수, GPS 수신, 탑재 장비 상태 등이 정상적으로 작동하는지 살핀다. 드론 비행 중 발생할 수 있는 문제를 철저히 대비하고 배터리 등 여분의 장비를 챙긴다.

　드론 비행은 시계비행(조종사가 직접 눈으로 확인하며 조종)과 계기비행(미리 정해진 프로그램대로 비행)으로 나뉜다. 드론 조종사가 시계비행을 할 경우에는 숙련된 솜씨로 무선조종기를 이용해 드론을 조종한다. 드론이 계기비행을 할 경우에는 드론의 비행경로를 미리 지정하고 확인한 후, 영상 정보 수집이나 농약 살포 등의 추가 업무를 수행한다.

역량 있는 드론 조종사란?

　직업 활동을 위해서는 국가 자격증은 필수다. 한국교통안전공단에서 주관하는 '초경량비행장치 조종자' 면허를 취득한 이후에도 숙련도와 전문성이 중요하기 때문에 꾸준히 현장 경험을 쌓아가야 한다.

드론 조종사 수요는 날이 갈수록 증가하고 있다. 국토교통부가 국가 정책적으로 전국에 드론 전문 교육기관을 지정한 이유도 이 때문이다. 드론 조종사에 대한 관심이 높다는 것은, 반대로 해석하면 그만큼 드론 조종사끼리 경쟁이 치열해졌다는 의미이기도 하다. 자신만의 특별한 능력을 가져야 인정받을 수 있는 직업이다. 역량 있는 드론 조종사는 드론 비행 경험과 기법에 대한 지식을 기반으로 추가적인 전문지식을 갖춘 사람이다.

업무 숙련도에 따라 드론 조종사의 연봉은 천차만별이다. 한 기업에 소속되지 않고 자기 사업으로 프리랜서 활동을 하는 사람도 많다. 드론 조종 외에도 업무와 관련한 전문성이 있으면 더 많은 수익이 보장된다. 촬영 드론 조종사가 편집이나 구도 등 관련 지식에 대한 이해와 숙련도가 있으면 더 높이 평가되는 것은 당연하다. 그래서 촬영 관련 종사자가 드론 조종을 배우는 경우도 많다.

드론 조종사의 직업 전망은?

드론은 산업 전 분야에 걸쳐 활용도가 높아지고 있다. 특허청에 따르면 최근 3년간 67건의 드론 측량 관련 특허가 출원됐다고 한다. 이는 지난 10년간 출원된 드론 측량 관련 특허 중 70%에 가까운 수치다. 특히 눈여겨볼 만한 분야는 건설 현장이다. 건설업체들은 초기 자료용 영상 촬영에서 더 나아가 측량, 시공현장 공정관리, 시설물 안전점검 등에 드론을 활용하고 있다.

각종 행사나 이벤트, 영화, 방송, 촬영 등에서 드론이 활용되는 것은 두말할 나위도 없다. 최근에는 관공서나 지자체 등에서 드론 활용의 폭이 더 넓어지고 있다. 국립산림과학원은 소나무 재선충 항공촬영을 위해 드론을 활용하고, 농촌진흥청은 작황정보나 병충해 방제를 위해 드론을 띄운다. 자산관리공사는 국유재산 무단 점거 등에 대한 실태 조사, 경찰청은 실종자 수색과 탐지를 위해 드론을 활용한다. 2019년 '조은누리 양 실종사건'에 경찰은 10여 대의 드론을 투입하기도 했다. 또 국민안전처는 화재 및 재난 현장 탐지, 한국전력은 철탑이나 해안가 배전설비 등을 점검하는 데 활용 범위를 넓히고 있다. 민간과 공공 분야에서 드론이 활용되는 범위가 커지는 만큼 드론 조종사를 채용하는 곳도 더욱 늘어날 전망이다.

▲ 드론 조종사

→ 어떤 일을 할까?

정찰 및 수색, 촬영, 산불감시, 측량, 교통량 모니터링, 농약살포 및 방제 등 사용 목적에 따라 드론을 조종한다.

→ 어떤 역량이 필요할까?

드론 조종사 국가 자격증을 취득하고 풍부한 현장 경험을 쌓아야 한다. 드론 비행 경험과 기법에 대한 지식을 기반으로 촬영, 방제, 측량 등 추가적인 전문 지식을 갖추어야 한다.

→ 미래 전망은 어떨까?

드론이 상업적 이용뿐만 아니라 공공분야에서 폭넓게 활용되는 만큼, 드론 조종사가 활동하는 영역 또한 더욱 커질 전망이다.

② 드론 개발자

드론 개발자는 어떤 일을 할까?

경찰서로 다급한 전화가 걸려 왔다. 산에서 사람이 실종되었다는 신고 전화였다. 실종자의 신원을 확인해서 실종장소 부근을 수색하고 상공에는 드론을 출동시켰다. 드론은 지도 데이터와 연동해 실종 가능성이 있는 장소를 비행하며 열화상 카메라로

샅샅이 조사했다. 결국 사람이 접근하기 힘들 정도로 위험한 산
길에서 부상당한 실종자를 드론이 찾아냈고, 구조대를 보내 신
속히 병원으로 옮겼다. 실종자의 출혈이 커서 늦게 발견했더라
면 자칫 목숨을 잃을 수도 있는 위험한 상황이었지만, 발 빠른
대응으로 소중한 생명을 지켰다.

드론 산업의 원천기술은 개발 분야 드론 전문가에 달려 있
다. 개발 분야 드론 전문가는 드론이 목적에 맞게 잘 날도록
연구하고 기술을 개발하는 데 집중한다. 드론 기체, 부품, 구
조 등을 설계하고 제작하는 '시스템 개발자', 드론의 기능을
향상시키는 프로그램을 만드는 '소프트웨어 개발자', 드론의
종류와 기능에 맞게 생김새를 설계하는 '디자이너'가 그런 일
을 한다.

드론 시스템 개발자는 드론의 설계, 제조, 작동 및 유지에
필요한 활동을 책임진다. 드론은 기본적으로 비행체이기 때
문에 항공역학, 기계 설계 등에 대한 지식이 기초가 된다. 그
런 지식을 바탕으로 산업별로 필요한 드론을 고안하고 개발
하는 것이다.

소프트웨어 개발자는 드론 비행과 관련한 좌표인식, 지도
연동, 자율비행, 지상통제 등의 소프트웨어를 개발한다. 또
스마트폰에서 사용하는 애플리케이션처럼 드론의 기능과 조
종에 관한 응용 프로그램을 만든다. 아울러 군사, 촬영, 스포
츠, 관측, 감시, 정보통신, 광고 등 다양한 분야에서 필요한

응용장치(영상장치, 애플리케이션, 센서, 시뮬레이션 장치 등)를 연구·개발한다.

드론 디자이너는 천편일률적인 외형을 떠나 차별화된 디자인을 입히는 사람이다. 세련된 디자인 감각을 더해 다양한 모양과 구조를 가진 드론으로 재탄생시킨다.

역량 있는 드론 개발자란?

드론은 기본적으로 비행체이기 때문에 드론 개발자는 항공역학, 기계설계, 동역학 등 기계공학적 기초지식을 착실히 쌓아야 한다. 또 회로설계, 신호처리, 제어계측 등 전기전자공학 관련 지식을 숙지하면 도움이 된다.

드론이 잘 날도록 드론을 통제하고 제어하는 기술과 무선으로 조종하고 데이터를 주고받는 통신 기술 등 컴퓨터공학에 대한 이해도 선행되어야 한다. 디자이너도 예외는 아니다. 공기역학 등 항공기 필수 지식을 기반으로 디자인을 해야 기능과 성능을 더욱 미적으로 드러낼 수 있다.

이론적 지식과 함께 중요한 역량은 개발 경험이다. 흔히 이론과 현실(현장)은 다르다고 말한다. 이론적으로는 문제가 없는 상황에서도 현장에서는 수많은 돌출 상황이 발생한다. 숱한 경험 속에 문제 원인을 분석하고 해결하는 열쇠가 있기 마련이다.

꼭 위에서 언급한 전공을 선택하기보다는 기초를 탄탄하게 만드는 것이 중요하다. 프로펠러의 종류나 양력의 크기 등 물리 이론은 기초로도 이해가 가능하다. 이공계열에서 배운 지식을 폭넓게 활용할 수 있다. 기술과 창조적인 아이디어를 결합할 줄 아느냐가 핵심이다. 진로를 정할 때 한 학과를 고집하기보다는 기초를 탄탄하게 만들고 끊임없이 공부해야 한다. 실패를 두려워하지 않는 도전정신이 숙련된 전문가를 만든다.

드론 개발자의 직업 전망은?

드론에 적용되는 무선통신, 인공지능, 로봇, 자율주행 등 기술 대부분은 4차 산업 혁명 시대 필수 기술들이다. 드론 개발자는 이러한 여러 분야 기술을 접목해 드론의 성능을 더욱 높이고 활용도를 높인다. 자율주행 기술이 접목된 드론 택시처럼 첨단기술을 아우르며 상상을 현실로 만드는 일을 한다.

드론 개발자의 활약은 앞으로 더욱 기대될 전망이다. 우리 사회에 전방위적으로 활용되는 드론이 또 어떤 모습으로 변신할지 기대치가 높다. 더욱 빠르고 정확하게 조난자를 찾아내고 범죄자를 수색하는 드론. 최첨단 기술이 합쳐져 지금보다 더 강력해진 드론은 분명 우리가 사는 세상을 더 살기 좋게 만드는 일등공신이 될 것이다.

▲ 드론 개발자

→ 어떤 일을 할까?

군사용, 상업용, 취미용 등 용도에 따라 드론 기체 및 부품, 응용 장치 및 소프트웨어를 연구하고 개발하는 일을 한다. 시스템 개발자, 소프트웨어 개발자, 디자이너 등이 있다.

→ 어떤 역량이 필요할까?

드론 관련 프로그래밍, 운영 체제, 무선통신 등에 대한 전문지식이 필요하다. 그 배경지식 위에 풍부한 상상력을 결합할 수 있어야 한다.

→ 미래 전망은 어떨까?

4차 산업 혁명 시대의 핵심 기술이 모두 들어 있는 드론을 개발하고 체계화하는 드론 개발자, 그 수요는 지금보다 훨씬 더 증가할 것으로 예상된다.

③ 드론 수리전문가

드론 수리전문가는 어떤 일을 할까?

드론 레이싱 대회를 앞두고 지난 몇 달간 피나는 노력을 했다. 그런데 대회 이틀 전, 갑자기 드론에 문제가 생겼다. 비행 중에 자꾸 한쪽으로 기울어지는 기체. 웬일인지 무선조종기도 먹통이다. 오늘 수리하지 않으면 대회 참가는 물거품이 된다. 당일 수리가 가능한 곳을 부리나케 찾았고, 다행히 수리전문가를 만나 망가진 부품은 물론 세부적인 점검까지 꼼꼼하게 완료. 역시 전문가의 손길은 달랐다. 다시 태어난 드론. 이제 남은 건 대회 1등이다!

드론 수리전문가는 드론 기체 또는 조종기구의 상태를 점검해 고장 난 부분을 수리한다. 드론의 연결 장치를 포함한 구조물을 살피고 모터, 엔진, 프로펠러, 로터 등 추진 계통을 점검한다. 통신, 항법 장비, 안테나, 전송기 등 전자계통은 물론 배터리, 변속기 등을 수리하는 일도 함께한다.

드론 수리전문가는 고장 원인을 찾아내 오작동 부품을 교체한 후, 프로그램을 이용해 작동상태를 점검하고 테스트 비행으로 최종 상태를 확인한다. 평상시 드론의 상태를 점검하는 일은 안전을 위해서도 필수적이다. 장거리 자동차 운전을 하기 전에 정비를 받는 것과 같은 이치이다.

드론 점검은 드론 비행의 안전성과 동시에 사람과의 충돌 등 사고 위험을 낮춘다. 드론만 추락한다면 그나마 다행이지만, 사람 머리 위로 떨어지거나 다른 사람의 재산에 해를 입히면 큰일이다. 실제 한 지역 축제에서는 드론쇼 공연 중에 드론이 추락해 아찔한 장면을 연출했다. 다행히 다친 사람은 없었지만 안전한 드론 비행을 위해 드론 수리전문가의 사전 점검은 꼭 필요하다.

역량 있는 드론 수리전문가란?

드론 개발자가 새로운 기술과 부품 등을 개발한다면, 드론 수리전문가는 기기를 기술적으로 이해하고 고객들이 잘 활용할 수 있도록 도움을 줄 수 있어야 한다. 드론 수리전문가는 드론 기기를 열어 점검하고 수리한 후, 다시 조립까지 전 과정을 맡는다. 그렇기 때문에 고장의 원인을 정확하게 찾아내고 정비하기 위해서는 드론의 구조와 사용되는 부품의 특성을 파악하고 있어야 한다. 아울러 정확한 수리를 위해서는 항공법, 비행원리 등에 대한 전문지식이 필요하다.

드론 수리와 정비를 위한 국가 공인자격증은 없지만, 체계적으로 드론을 공부하고 관련 지식이 있어야 한다. 또 전자기기 및 기계 정비 업무를 해 본 경험이 있는 사람에게 유리하다. 다양한 드론을 다뤄 보고 풍부한 경험이 쌓일수록 숙련도는 상승한다.

드론 수리전문가는 고객을 직접 상대하는 서비스 직종이기도 하다. 그래서 고객을 상대하는 서비스 정신과 커뮤니케이션 능력이 필요하다.

드론 수리전문가의 직업 전망은?

산업용 드론은 물론 취미용 드론 시장의 확대로 전문가들은 '1인 1드론 시대'를 예상하고 있다. 국토부 자료에 따르면 2017년 정식 신고된 드론 수는 1,702대이다. 지난 2013년의 195대와 비교해 빠르게 증가했다. 신고 대상이 12kg을 초과하는 드론이었기 때문에, 취미용 드론까지 합치면 증가량은 더욱 클 것이다.

드론을 이용하는 인구수가 증가함에 따라 드론 수리전문가의 역할도 커질 전망이다. 드론 조종자는 비행 중 추락에 의한 파손이나 관리 미숙에 의한 고장으로 어려움을 겪을 때가 많다. 사전 점검 및 고장의 원인을 파악하고 알맞은 부품으로 교체해 주는 드론 수리전문가, 안전한 비행을 위해 꼭 필요한 직업이다.

▲ 드론 수리전문가

→ 어떤 일을 할까?
드론 기체 또는 조종기구의 상태를 점검해 기계 오작동을 확인하고 정확한 원인을 찾아 정비하는 일을 한다.

→ 어떤 역량이 필요할까?
드론의 구조와 사용되는 부품의 특성을 파악하고 있어야 한다. 동시에 항공법, 비행원리 등에 대한 전문지식과 정비 경력이 높은 평가를 받는다.

→ 미래 전망은 어떨까?
'1인 1드론 시대'가 예상될 정도로 드론의 판매량은 크게 증가했다. 판매량과 이용자 수가 늘어난 만큼 드론 수리전문가의 역할도 커질 것으로 예상된다.

④ 드론 운항관리사

드론 운항관리사는 어떤 일을 할까?

비행 중인 경비행기 앞으로 무언가 날아온다. 새? 도대체 뭐지? 순간 충돌음과 함께 경비행기가 휘청거렸다. 놀란 승객들은 새파랗게 질리고 공포감에 휩싸인다. 기장이 가까운 활주로를 찾아 비상착륙을 시도한다. 무사히 착륙한 비행기, 그리고 놀란 가슴을 쓸어내린 사람들. 사고 원인을 조사하던 경찰이 비행기에 박힌 무언가를 확인한다. 드론이다.

　드론 산업이 성장하면서 한편으로는 드론의 잠재적 위험성에 대한 문제가 제기되고 있다. 사람이 많은 곳이나 건물 근처를 비행하는 것은 충돌 위험성이 높기 때문이다. 또 공항과 같은 비행금지구역 내 드론은 자칫 큰 사고로 이어질 수 있다. 실제로 캐나다에서는 경비행기와 드론이 충돌하는 사고가 발생하기도 했다. 일반 항공기처럼 드론도 운행계획을 세워 안전한 운행을 해야 한다는 목소리가 더욱 커졌다.

　드론 운항관리사는 드론의 안전한 비행을 책임지는 사람이다. 적합한 비행 계획을 세우고 잠재적 위험을 분석해 드론 조종자가 알아야 할 법적 사항 등을 전달해 준다. 한마디로 안전한 비행을 관리, 감독하는 전문가이다.

　드론 비행 허가가 필요한 지역에서 드론을 날리는 경우, 운행계획서를 작성해 관계기관에 제출하는 일도 담당한다. 계획서에는 드론 비행의 목적에 따라 노선, 고도, 비행속도, 운항 예정 시간 등을 적는다. 내용이 적합해야 허가 여부가 결정된다. 드론 조종사와 상의해 안전한 비행을 위한 비행 계획을 세우고 필요한 사항들을 공유하는 일도 맡는다.

역량 있는 드론 운항관리사란?

항공법과 전파법 등 드론과 관련한 법률과 운항 관리에 대한 지식을 갖추어야 한다. 운행과 관련한 문제를 분석하는 능력이 필요하다.

사용 목적에 따라 활용되는 드론의 종류 또한 파악해야 한다. 드론 종류에 따라 어떤 특성이 있는지 알고 있어야 한다. 관련 법규나 정책 등을 숙지하고 꾸준히 관심을 기울여 학습하는 자세가 중요하다. 드론에 대한 이해를 기본으로 관련 법률과 정책 지식이 더해져야 탁월한 드론 운항관리사로서 활약할 수 있다.

드론 운항관리사의 직업 전망은?

비행금지 구역 내 드론 비행으로 전 세계는 비상이 걸렸다. 공항 내 드론이 출현해 비행기 이륙이 지연되는 사례가 빈번해지고 많은 사람들의 안전을 위협하는 일이 발생했다. 이때문에 많은 나라에서 공항 등 비행금지구역에서 하는 드론 비행을 강력히 처벌하는 움직임이 있다. 벌금은 물론 징역형을 선고하기도 한다.

미국의 항공우주국(NASA)을 포함해 여러 나라에서 드론의 안전한 운용을 위해 관제 시스템을 구축하고 있다. 우리나라도 공공 및 민간 드론을 안전하게 운영할 수 있는 교통 관리 시스템을 개발하고 있다. 드론 운항의 안전성을 확보하기 위한 흐름 속에서 드론 운항관리사의 역할도 커지고 있다.

▲ 드론 운항관리사

→ 어떤 일을 할까?
노선, 고도, 비행속도, 운항 예정 시간 등을 고려해 적합한 드론 비행 계획을 세우고 안전한 비행을 관리, 감독하는 전문가이다.

→ 어떤 역량이 필요할까?
드론에 대한 이해를 기본으로 관련 법률과 정책 지식이 더해져야 탁월한 드론 운항관리사로서 활약하게 된다.

→ 미래 전망은 어떨까?
안전 문제가 무엇보다 중요한 만큼 드론 운항의 안전성을 확보하기 위한 드론 운항관리사의 역할이 중요해지고 있다.

⑤ 드론 표준전문가

드론 표준전문가는 어떤 일을 할까?

국내에선 볼 수 없는 낯선 풍경들을 촬영하기 위해 드론과 함께 떠나는 첫 해외여행. 들뜬 마음으로 장비를 챙겨 영국행 비행기에 몸을 실었다. 도착하자마자 장비를 챙겨 공항 밖으로 나갔다. 비행허가 절차가 딱히 없는 것을 보니 영국은 공항 근처에서도 날려도 되나 싶었다. 그런데 그게 아니었다. 공항 1km 이내 지역에서는 전면 금지였다. 하마터면 국제적인 범법자가 될 뻔했다.

세계적으로 드론 이용자는 크게 늘었다. 그런데 나라마다 드론 사용에 대한 규제 기준이 다르다. 드론 비행 자격에 대한 표준도 명확하지 않다. 무엇보다 드론이 갖추어야 할 기술에 대한 국제 표준이 미비해 혼선이 생기고 있다.

국가 혹은 지역마다 드론을 분류하는 기준이나 운용 방법이 다르면 혼란에 빠질 수밖에 없다. 기준과 규칙이 일정해야 운용에 차질이 생기지 않는다. 제품 생산에 있어서 표준을 정하는 일은 더욱 중요하다. 드론을 만드는 회사가 많아지고 그 종류도 다양해지면서 호환성*이 더 크게 요구된다. 호환성을 높이기 위해서는 표준화**가 필수 과정이다. 표준화된 제품일수록 호환성이 높아지기 때문이다.

만약 우리가 사용하는 건전지가 표준이 없어서 제각각이면, 생산 기업도 소비자도 큰 낭패를 볼 것이다. 드론도 부품이 다 제각각에 사이즈도 다르다면 그 산업의 수명은 오래가지 못한다. 표준화하지 않으면, 비용도 더 많이 들고 활용되는 범위는 제한적이다.

드론 표준전문가는 다양한 종류의 드론을 합리적으로 분류해 그에 맞는 기준을 세우는 일을 한다. 사용 목적, 성능, 기능 등을 분류해 각 드론별 표준을 정하고 관리하는 업무를 한다. 또 시험, 검사 인증 등을 통해 적합성을 평가하는 일을 한다. 산불 감시용 드론과 택배용 드론은 엄연히 다른 일을 한다. 당연히 필요한 성능과 기능도 다르다. 산불 감시는 불꽃을 감지하는 능력을 갖추고 야간 비행도 무리 없이 해야 한다. 택배용 드론은 상품을 싣고 비행할 수 있는 힘과 신속함이 요구된다. 이처럼 사용목적 등에 따라 명확한 표준을 정해야 적합한 드론을 활용할 수 있다.

---

* 호환성: 어떤 제품의 구성 요소를 다른 기계의 요소와 바꿔 써도 괜찮을 때, 호환성이 좋다고 말한다.
** 표준화: 정해진 기준에 따라 제품을 생산하는 것으로, 대량생산과 과학적 관리를 가능하게 한다.

역량 있는 드론 표준전문가란?

우리나라는 드론의 무게나 운용 고도에 따른 표준을 정해 놓고 있다. 무게에 따라 초소형부터 대형까지, 비행 상승한 계 고도에 따라 저고도부터 성층권까지 분류한다. 드론의 사용목적과 분류에 따라 정해진 표준이다. 표준에 따라 드론을 활용하지 않으면 안전성을 확보하기 어렵다. 또한 일정한 규칙과 범위가 있어야 관련 업계 사이에서 벌어지는 이해 충돌을 방지할 수 있다. 그래서 드론 표준전문가는 드론 관련 표준을 정확하게 이해하고 있어야 한다.

또한 드론 표준전문가는 드론에 대한 전문 지식을 토대로 정책 및 법안에 대해 파악하는 능력이 있어야 한다. 그래야 드론 활용의 효율성과 경제성을 판단할 수 있다. 또한 현재 드론에 적용되는 기술은 물론 드론과 연결되는 기술까지 드론에 대한 통합적인 지식이 필요하다. 정해진 표준과 앞으로 정해질 표준에 대한 분석력은 매우 중요한 역량이다.

드론 표준전문가의 직업 전망은?

세계 각국은 드론 비행 자격을 표준화하는 데 노력하고 있다. 국제적으로 표준화된 드론 조종 면허증을 발급하자는 의견이 지배적이다. 뿐만 아니라 드론의 국제 기술 표준에 관심이 쏠리고 있다.

우리나라는 산업통상자원부 국가기술표준원에서 2018년 드론 관련 표준 3종을 마련했다. 드론 설계 표준과 핵심 부품

시험표준 등이다. 무인동력 비행장치 설계, 프로펠러의 설계 및 시험, 리튬배터리 시스템의 설계 및 제작 등 3종에 관한 드론 설계와 핵심 부품, 시험 방법 등에 대한 기준을 담았다. 정부는 기능과 종류를 제시하고 드론 국내 표준 제정 작업을 착실히 수행한다는 방침이다.

국제표준화기구 ISO는 드론 관련 국제표준 초안을 발표하고, 2019년 내 정식으로 채택하는 계획을 밝혔다. 이렇게 국제 표준이 마련되는 상황에서 드론 표준전문가의 역할이 국내외적으로 더 중요해졌다.

▲ 드론 표준전문가

→ 어떤 일을 할까?
다양한 종류의 드론을 사용 목적, 성능, 기능 등을 분류해 각 드론별 표준을 정하고 관리하는 업무를 한다.

→ 어떤 역량이 필요할까?
드론에 대한 전문 지식을 토대로 드론 관련 표준을 정확하게 이해할 수 있어야 한다. 드론 정책 및 법안, 표준화, 적합성 평가 등과 관련한 통합적 지식 또한 필수적이다.

→ 미래 전망은 어떨까?
미래 기술인 드론의 국제 표준을 선점하기 위해 세계 각국은 치열하게 경쟁하고 있다. 그만큼 표준전문가의 역할이 중요해지고 있다.

⑥ 드론 교육지도자

드론 교육지도자는 어떤 일을 할까?

방과 후 수업으로 드론 과학교실이 열렸다. 단순히 조종하는 방법만 배우는 줄 알았는데, 항공과학의 역사부터 드론 프로그래밍 기초와 응용 등 이론 수업이 기다리고 있었다. '아, 내가 잘할 수 있을까?' 그래도 이론 수업을 충실히 들으면 드론도 만들 수 있다고 하니 다행이다. 창공을 가르는 나만의 드론을 빨리 만나고 싶다.

정부는 드론 산업의 성장을 이끌어 갈 전문가를 양성하기 위해 드론 교육전문기관을 지정해 드론 교육을 강화하고 있다. 산업 변화에 능동적으로 대처하기 위해 일부 고등학교와 대학에서 드론학과 및 무인항공기학과 등을 개설해 운영 중이다. 정식 수업은 아니지만, 방과 후 학교 수업 과목으로도 인기가 높다.

이러한 시대적 변화 속에서 드론 교육지도자는 드론 교육을 전담하고 있다. 드론 교육지도자는 드론 시스템의 구조와 작동 원리 등 이론과 조종 방법을 가르친다. 전문 교육기관에서는 구체적으로 항공법규, 항공기상, 비행이론, 항공교통 등의 이론 수업을 맡는다. 실습수업은 단계별 혹은 상황별로 조종 훈련을 실시한다. 또 실제 비행실습을 통해 조종 능력을 기르도록 돕는다. 비행 전 절차, 지상 활주, 이륙조작, 공중조작, 비행 후 점검까지 포함한다. 학생 및 일반인을 대상으로 하는 드론 체험교실, 드론 과학교실 등 드론 관련 수업을 진행하기도 한다.

드론 교육지도자는 국가가 인정한 '드론 조종자격증' 외에도 민간협회에서 발급하는 '드론 지도 조종자격증'을 가지고 있다. 드론 지도 조종자격증의 경우 수업 지도 교육자는 비행시간이 100시간 이상, 실기평가 조종자는 비행시간 150시간 이상이어야 응시 자격이 주어진다.

역량 있는 드론 교육지도자란?

드론 교육지도자의 자질은 수업의 질적 수준과 연결된다. 착실히 준비된 수업과 그렇지 않은 수업은 차이가 나기 마련이다. 지도자는 자신이 가르치고자 하는 수업 자료나 교구재를 개발해 수강생의 수준을 고려한 맞춤식 교육을 진행할 수 있어야 한다.

그렇기 때문에 드론 교육지도자는 전문가로서의 실력과 교육자로서의 자질을 두루 겸비한 사람에게 걸맞다. 이론과 기술, 조종 능력을 갖추고 미래 직업 전망까지 해 줄 수 있다면, 그야말로 최고의 교육자이다.

드론 교육지도자의 직업 전망은?

12kg 초과 150kg 이하의 드론을 상업적으로 이용하는 사

람에게는 반드시 드론 조종 자격증이 필요하다. 관련 산업이 성장세에 있으므로 드론 교육지도자의 역할도 더 커졌다.

국내외 대학은 드론 산업에 대한 인적 수요가 크게 늘 것을 예상하고 관련 전문가를 양성하고 있다. 미국 포닉스에는 무인항공기조종사 및 무인항공기 시스템엔지니어링 석·박사 학위 과정을 위한 '무인항공기구대학교(Unmanned Vehicle University)'가 생겨났다. 국내 대학에서도 정규 학과를 개설해 교육 프로그램을 제공하고 있다. 학교나 학원 등에서 드론 교육지도자 수요가 나날이 커지고 있다.

▲ 드론 교육지도자

→ 어떤 일을 할까?
드론 시스템의 구조와 작동 원리 등에 관한 이론과 조종 방법을 가르치며 교육과 관련한 수업 자료와 교구재를 개발한다.

→ 어떤 역량이 필요할까?
국가 자격증을 취득한 사람 중에 드론 비행과 관련한 업무 경험을 가진 사람, 아울러 교육자로서 자질을 가져야 한다.

→ 미래 전망은 어떨까?
드론 산업 성장으로 학교나 기관에서 교육 수요가 늘고 있다. 다양한 분야에서 드론 교육지도자의 역할이 기대된다.

드론 전문가의
직업적 역량

지식과 경험을 자기 것으로

드론은 정해진 농지에 농약을 싣고 가 살포하거나 곤충으로 인한 피해 지역에 방충작업을 한다. 화재 현장에서는 소방관을 대신해 소화액을 뿌리고, 해수욕장에서는 피서객의 안전관리 업무를 맡기도 한다. 사람의 접근이 어려운 재해 현장, 스포츠 생중계, 탐사보도 등에 다양하게 활용된다.

드론을 활용하는 드론 전문가의 활동 영역은 이처럼 광범위하다. 이들은 드론 개발, 촬영, 방제, 정찰, 측량, 수리, 운행 및 표준 관리, 교육 등 많은 현장에서 일하고 있다. 그래서 드론 제작기업, 농업 및 건설기업, 물류기업, 방송국, 영화사, 공공기관, 교육기관 등 일하는 곳도 다채롭다.

소속된 직장에서 인정받는 첫 관문은 드론에 관한 전문지식이다. 드론에 관한 전문성이 없다면 채용할 이유가 없다.

거기에 관련 직종에 대한 지식을 더해야 빛이 난다. 드론을 방제 목적으로 사용하는 기업 종사자라면, 방제 시기 및 재료, 분량 등에 대한 지식을 갖추어야 방제 목적을 충실히 수행할 수 있다. 그렇기 때문에 드론 전문가는 꾸준히 공부하며 다양한 경험을 자기 것으로 만들어야 한다.

드론 기업 종사자들은 학력과 전공도 중요하지만 드론에 대한 관심과 열정, 그리고 경험이 더욱 중요하다고 말한다. 한 가지 학문 혹은 전공만을 고집하지 말고 다양한 지식과 경험을 채워야 경쟁력을 키울 수 있다.

함께 일하기 좋은 파트너

회사는 개인이 모여 조직으로 일하는 곳이다. 각 부서마다 하는 일은 나뉘어 있어도 최종 목표는 함께 성장하는 것이다. 그러나 이해관계가 언제나 일치하는 것은 아니다. 부서마다 입장이 다르고 각자의 생각도 다르다.

그렇다고 다른 사람은 무시하고 내 일만 잘하면 될까? 물론 자신의 역할과 목표에 집중할 필요가 있다. 그러나 회사는 개인이 아닌 조직의 목표가 엄연히 존재한다. 전문가는 함께 일했을 때 좋은 파트너가 되어야 한다. 그래서 업무를 진행할 때는 다른 사람과 대화로 갈등을 해결하는 능력, 상황에 유연하게 대처하는 능력, 입장이 다른 의견을 수용하는 포용력이 요구된다. 부서나 개인 사이에는 차이가 있다는 점을 인정하고 상황을 풀어 나가야 한다.

각자의 꿈과 지향점은 달라도, 개인은 사회생활을 하며 성장하고 발전한다. 인간은 끊임없이 타인과의 관계 속에서 살아가는 '사회적 존재'이기 때문이다. 함께 머리를 맞대고 협력해야 한다.

새로운 기회를 만드는 정보력

정보는 가장 강력한 경쟁력이자 기회를 만드는 원천이다. 세상이 어떻게 돌아가고, 어떠한 방향으로 나아가는지 알아야 대비할 수 있다.

세계적인 미래학자들은 미래를 이끌어 갈 중요한 분야로 드론 산업을 주목하고 있다. 드론 전문가는 드론 기술의 발전 방향, 정책, 경쟁사의 동향 등에 관심을 가져야 한다. 여러 정보를 파악하고 이해한다면, 회사가 또 다른 잠재적인 시장을 발굴하는 데 큰 힘이 된다.

처음부터 드론이 다양한 분야에서 활용되었던 것은 아니다. 전문가들의 노력으로 필요한 영역을 발굴하면서 새로운 시장이 열렸다. 촬영용, 군사용, 산업용, 레저용, 범죄수사용, 물류용 등 그 쓰임새가 날로 확대되었다. 자신의 일에 충실하고 능동적으로 일을 찾아 나서야 더 큰 드론 전문가로 성장하게 된다.

나도 드론 전문가! 10대 드론 레이서

세계를 달구는 드론 레이싱 열기

스포츠 분야에서도 드론 산업의 성장세가 굉장하다. 특히 스피드와 기술을 겨루는 레이싱 경기는 어마어마한 상금이 걸려 있을 만큼 인기가 높다.

일반적으로 드론 대회는 레이싱과 프리스타일 부문으로 나뉘어 치러진다. 레이싱은 개인전과 단체전이 있으며 정해진 코스를 가장 빠르게 완주해야 우승 트로피를 거머쥘 수 있다. 평균 시속은 150km, 최대 시속은 220km에 이른다. 레이서는 고글을 쓰고 드론 전면에 탑재된 카메라를 통해 실시간 전송되는 영상을 보고 조종한다.

프리스타일 부문은 정해진 시간 내에 자유롭게 비행하는 경기이다. 장애물을 통과하며 묘기를 선보이는 경기는 예술성과 기술성 등을 종합해 순위를 가린다. 음악에 맞춰 현란한 공연을 펼치는 드론을 따라가다 보면 그 매력에 빠져들 수밖에 없다.

드론 레이싱이 스포츠로 자리 잡아 가는 만큼 국제 스포츠 대회에 정식 종목으로 채택되어야 한다는 목소리도 있다. 태극마크를 가슴에 단 국가대표 드론 레이서의 활약이 머지않아 보인다.

세계대회를 휩쓰는 무서운 10대들

2016년 두바이에서 세계 최대 규모의 드론 레이싱 대회가 열렸다. '월드 드론 프릭스 두바이 2016'은 세계 여러 나라에서 내로라하는 드론 레이서들이 참가했다. 우승 상금은 한국 돈으로 약 3억 원. 과연 그 주인공은 누가 됐을까?

월드 챔피언에 이름을 올린 드론 레이서는 바로 15세 영국 소년 루크 바니스터였다. 바니스터는 우승 상금을 차지하고 세계적인 스타 반열에 올랐다. 이후에도 세계대회에서 여러 차례 우승을 거머쥐었다.

우리나라 10대 드론 레이서도 같은 대회에 참가했다. 레이싱대회에서는 아쉽게 탈락했지만, 프리스타일 부문에서 초등학교 6학년 김민찬 군이 우승했다. 김 군은 세계 랭킹 상위권 선수들과 어깨를 나란히 겨루며 탁월한 레이싱 솜씨를 발휘했다. 빠른 속도로 장애물을 통과하고 공중 제비돌기 등 현란한 묘기를 펼쳐 관객들의 박수갈채를 받았다. 김 군은 같은 해 열린 '아시안컵 상하이' 대회에서도 120여 명의 상위권 선수들을 제치고 우승해 '드론천재'라는 별칭을 얻었다.

이 두 명의 10대 드론 레이서는 2018년 강원도 영월에서 열린 국제대회에서 또다시 만나 10대의 저력을 보여 줬다. 바니스터는 클럽대항전에서, 김 군은 개인전으로 치러진 국가대표 결승전에서 우승한 것이다.

평일에는 학생으로, 주말에는 드론 레이서로 연습을 게을리하지 않는다는 야무진 두 명의 드론 전문가들. 취미로 시작해 꿈을 향해 날아가는 드론 레이서들의 활약으로 드론 스포츠는 더욱 뜨겁게 달아오르고 있다.

4장

드론 전문가에게
어떤 미래가 펼쳐질까?

4차 산업 혁명의 상징,
드론

4차 산업 혁명 시대란?

우리는 '4차 산업 혁명(The Forth Industrial Revolution)' 시대에 살고 있다는 말을 유행어처럼 흔하게 접할 수 있다. 그런데 4차 산업 혁명이란 과연 무엇일까? 네 번째 산업 혁명이라는 말일 텐데, 그렇다면 이전의 산업 혁명과는 어떤 차이가 있는 걸까? 이를 명확히 알아야 할 필요가 있다. 의미를 제대로 이해해야 변화에 대응할 수 있기 때문이다.

'Industrial Revolution'을 한국어로 옮기면 '산업 혁명'이다. 산업의 뜻부터 살펴보자. 인간은 농업, 광업, 제조업, 금융업, 서비스업 등 모든 분야에서 살아가는 데 필요한 것을 얻는다. 농부는 농사를 짓고 공장에서는 의류나 생필품, 컴퓨터와 같은 제품들을 생산한다. 또 은행이나 여행사는 눈에 보이는 제품이 아닌 서비스를 제공해 편리한 생활을 돕는다.

이처럼 인간이 살아가는 데 필요한 제품이나 서비스 등을 만드는 것이 '산업'이다.

산업, 즉 인간의 모든 생산 활동은 기술의 발전에 따라 많은 변화를 겪어 왔다. 4차 산업 혁명은 기존의 1~3차 산업 혁명과 그 기술의 발전 양상과 규모가 다르다. 이전에는 개별적 기술의 발전으로 변화가 시작되었다면, 이제는 기술이 융합되고 사물과 정보가 연결되어 더 빠르고 폭넓은 변화를 만들어 간다. '혁명'이라는 표현만큼이나 경제, 정치, 문화 등 사회 전 분야에 걸친 급속한 변화를 예고하고 있다.

어떤 사람은 드론을 '하늘의 산업 혁명'이라고 부른다. 여러 첨단기술이 융합되고 연결되는 4차 산업 혁명의 시대, 다양한 기술이 융·복합되어 만들어진 드론은 4차 산업 혁명 시대를 살아가기 위한 나만의 경쟁력이라고 할 수 있다.

기술 진보와 직업 변화

이전에 없던 새로운 산업과 기술이 우리 일상생활을 어떻게 바꾸어 놓을지 기대되는 만큼 우려도 크다. 기계가 사람의 일을 빼앗을 것이라는 비관 섞인 목소리도 나온다. 그러나 기존 산업이 변하는 과정 속에 새로운 산업과 수요도 함께 늘어난다는 점에서 크게 걱정할 것은 없다. 전체적인 일자리에는 큰 변화 없이 유지될 것이라는 전망이 우세하다.

컴퓨터 기술 발전과 보급으로 이제 사무실에 컴퓨터가 없는 모습을 상상하기 어렵다. 하지만 1980년대만 해도 컴퓨터 없이 모든 것을 손으로 기록하며 일을 했다. 이렇게 기술 발전은 필연적으로 생산 활동 양식과 일자리에 변화를 가져온다.

어떤 일자리는 없어지기도 하며, 새로운 일자리가 떠오르기도 한다. 마찬가지로 4차 산업 혁명 시대의 기술은 생산 공장에서 단순 조립이나 창고관리, 요금 수납이나 계산 등의 단순 직무를 자동화된 기계로 대체하려고 한다. 뿐만 아니라 외부 환경을 인식하고 스스로 상황을 판단하고 행동하는 '지능형 로봇'은 의료, 건설, 교육 등에 활용되고 있다. 이와 관련된 산업도 함께 성장하며 새로운 직업이 생겨나고 있다.

대표적인 직업으로 드론 전문가가 있다. 사람의 손이 닿지 않는 곳까지 비행하며 맡은 임무를 척척 해내는 드론, 여러 가지 첨단기술이 융합된 드론은 점차 그 활용 분야가 다양해지고 관련 직업도 세분화되고 있다.

유망 직업을 대표하는 드론 전문가

2018년 한국고용정보원은 〈4차 산업 혁명 미래 일자리 전망〉*에서 10개의 유망 직업을 선정, 그중 하나로 드론 전문가

---

* 〈4차 산업 혁명 미래 일자리 전망〉: 이 보고서에서는 사물인터넷전문가, 인공지능전문가, 빅데이터 전문가, 가상현실전문가, 3D프린팅 전문가, 드론 전문가, 생명공학자, 정보보호전문가, 응용 소프트웨어 개발자, 로봇 공학자 등 10개 직업이 유망 직업으로 소개됐다.

를 꼽았다. 드론의 적용 분야가 다양해지고 있다는 점과 드론 시장의 확대를 선정 이유로 들었다.

드론은 촬영, 레저, 군사, 산업, 물류, 통신, 탐색 등 다양한 목적으로 활용되고 있다. 또 이벤트나 공연장에도 등장해 눈길을 사로잡는다. 2017년 미국 미식축구 경기 하프타임에는 300여 대의 드론이 환상적인 쇼를 펼쳤다. 앞서 말했던 2018년 평창올림픽 개막식에서도 드론 1,218대가 밤하늘을 수놓으며 세계인을 놀라게 했다. 최근에는 드론에 제품을 달고 하늘에서 전시하는 방법으로 광고를 하기도 한다.

드론 시장 역시 가파르게 성장하고 있다. 미국 컨설팅기업 가트너(Gartner) 사의 보고서에 따르면, 개인 및 상업용 드론 시장은 2017년 60억 5,000만 달러(약 6조 700억 원)에서 2020년 112억 달러(약 12조 5억 원) 규모로 가파르게 성장할 것으로 전망된다. 우리나라 드론 시장도 빠르게 성장하는 가운데 여러 기업이 드론 산업에 적극적으로 뛰어들고 있다.

4차 산업 혁명 시대의 유망 직종으로 드론 전문가가 꼽히는 것은 그만큼 활동 분야가 무궁무진해서다. 미래를 대비하는 사람들에게는 4차 산업 혁명 시대의 변화가 오히려 반가운 기회가 되고 있다.

드론 전문가가 활약하는 다양한 직업

드론 수사전문가

강력범죄가 발생하면, 드론 수사전문가는 인근 지역을 중심으로 수색 작업을 펼친다. 드론에 탑재된 범죄 용의자 안면인식 프로그램을 실행하고, 비슷한 인상착의를 가진 사람과 대조하며 모니터링 화면으로 확인한다. 드론은 주변을 샅샅이 수색한다. 얼마 후 드론이 보내온 영상을 통해 드론 수사전문가는 용의자를 발견하고 위치를 전달한다. 마침내 안전하고 신속하게 용의자를 검거한다.

경찰은 우범 지역 순찰과 범인 추적, 실종자 수색 등의 임무에 드론을 투입하고 있다. 앞으로 경찰 수사업무와 관련해 드론을 활용하는 수사전문가가 늘어날 것으로 전망된다.

드론 보안전문가

드론은 상업용뿐만 아니라 군사용 무기로도 사용되고 있다. 또 범죄와 테러 등에 이용되는 일이 종종 발생하고 있다. 그에 따라 드론 보안전문가의 손길이 절실해지고 있다. 드론 보안전문가는 프로그래밍, 시스템 서버, 네트워크 등에 관한 지식을 갖추고 해킹을 예방하는 일을 전담한다. 범죄수사와 관련해 수사전문가와 함께 보안전문가의 공조가 커질 것으로 보인다.

드론 법률전문가

드론의 사업 영역은 국내는 물론이고 해외 시장도 더 큰 규모로 확대되고 있다. 국내외로 사업 영역이 확장되면서 드론 전문가들은 각국의 드론 항공법을 숙지할 필요가 생겼다. 드론 관련 법률을 모르면 사업을 원활하게 진행할 수 없다. 따라서 관련 법률 자문을 전문으로 하는 드론 법률 전문가도 늘어날 것이다.

드론 조종 인증 전문가

드론 활용이 다양해짐에 따라 안전사고에 대한 우려가 높다. 드론 사고를 방지하고 안전한 이용을 위한 시스템이 절실해지고 있다. 그래서 드론 사고를 방지하는 인증 시스템을 구축하고 관리하며, 인증서를 발급해 주는 드론 조종 인증 전문가가 새로운 직업으로 떠오르고 있다.

드론 자동화 엔지니어

드론 자동화 엔지니어는 무인 조종이라는 드론의 장점을 최대한 활용할 수 있도록 자동화 시스템을 개발하는 전문가이다. 현재 상업용으로 쓰이는 대다수의 드론은 설정된 경로를 따라 자동으로 비행하며 임무를 수행한다. 드론 스스로 주변 환경을 인식하고 분석하여 돌발 상황에 대응할 수 있도록 기술연구도 활발하게 이루어지고 있다. 나아가 원하는 시간과 장소, 상황을 예측해 스스로 비행하는 드론도 세상에 나오지 않을까? 드론의 자동화 기술을 증진시킬 수 있는 전문가가 필요하다.

드론 도킹 엔지니어

미국의 한 대학교에서 개발한 드론이 화제가 됐다. 이 드론은 한 개의 드론처럼 보이지만 사실은 8개의 소형 드론이 결합된 드론이다. 드론이 공중을 날아 목적지 부근에 도착하면, 8개의 소형 드론으로 분리되어 제각각 다른 목적지로 물건을 배달한다. 임무를 완수하고 돌아온 드론은 도킹*해서 처음 출발한 곳으로 돌아온다. 효율적인 택배 서비스를 위해 탄생한 드론이다. 드론 도킹 엔지니어의 등장으로 드론의 효율성은

• 　도킹: 일반적으로 우주 공간에서 둘 이상의 우주 비행체가 결합되는 것을 말한다. 여기서는 여러 대의 드론이 마치 로봇이 합체되어 한 몸이 되듯 결합되는 것을 뜻한다.

극대화되고 활용 분야도 더욱 다양해지고 있다.

2016년에 세계를 강타했던 '포켓몬고'는 증강현실 기술을 대표하는 게임이다. 증강현실(AR, Augmented Reality)은 현실을 배경으로 가상 이미지를 겹쳐서 하나의 영상으로 보여주는 기술이다.

'드론 프릭스(Drone Prix)'는 드론 사용자들을 위한 증강현실 모바일 게임으로, 초보 파일럿들에게도 즐거운 비행연습 환경을 제공한다. 드론과 증강현실이 접목되면 새로운 형태의 게임을 더 현실감 있게 즐길 수 있다. 이렇게 게임 산업 분야에서도 드론이 활용되고 있다. 가상의 장애물 코스를 통과하며 아이템을 수집하거나 레이싱을 겨루는 드론 게임, 드론 게임 개발자는 그 즐거운 비행을 설계할 수 있다.

드론 산업에
미래를 걸다

세계는 드론 주도권 쟁탈전 중

기존의 산업 혁명을 이끌어온 영국과 미국 등은 세계 경제의 주도권을 잡을 수 있었다. 이러한 역사적 사실을 근거로 각국은 지금 4차 산업 혁명 시대의 주도권을 갖기 위해 총력을 기울이고 있다. 국가의 명운을 걸고 드론 산업을 육성하며 총성 없는 전쟁을 치르는 중이다.

4차 산업 혁명의 상징인 드론, 그 기술을 선점하기 위해 각국은 저마다 다양한 방법으로 드론 산업을 육성하고 있다. 일본은 치바시를 '드론 국가전략 특구'로 지정하고 드론 비행과 관련한 규제를 완화했다. 도로나 건설 등 공공사업에는 드론을 꼭 사용하도록 의무화했다. 중국도 막강한 경제력을 기반으로 다양한 보조금 지원 정책을 펼치며 드론 산업을 육성하고 있다.

미국은 기술 혁신을 위해 CNN, 구글, 아마존 등 민간 기업들과 협력해 다양한 사업을 진행하고 있다. 한편으로는 드론의 안전한 비행을 위해 운용 규제를 강화하고 있다.

유럽은 드론 운용에 대한 규제에서는 미국보다 자유로운 편이다. 항공우주 및 방위 분야에서 최고 수준의 기술을 보유한 유럽은 그 기술을 활용해 드론 관련 제품과 서비스 개발에 주력하고 있다. 또한 드론을 활용하는 지역산업을 육성하기 위해 제도를 정비하고 체계적인 지원책을 강구하고 있다.

국내 드론 산업 현황

국내 드론 시장 현황을 살펴보자. 다음 표에서 보듯이 우리나라는 군수용 드론을 중심으로 성장해 왔다. 국내 시장 규모는 2016년 기준 약 2,800억 원으로 군수용은 전체 75%를 차지한다. 민간영역을 나타내는 민수용 시장은 촬영과 농업을 중심으로 증가하고 있는 추세이다.

16년 국내 시장 추정 (단위: 억 원)

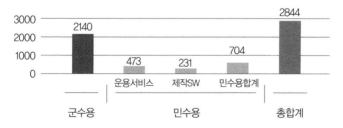

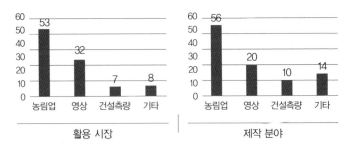

분야별 분포도 (단위: %)

활용 시장

제작 분야

출처: 〈공공서비스, 디지털기술로 날다〉, 행정안전부

각국이 드론 산업 주도권을 갖고자 치열한 전쟁을 치르는 상황에서 우리나라도 예외는 아니다. 정부의 중요한 과제 중 하나가 드론 산업의 활성화이다. 정부 100대 국정과제에도, 국토교통부 7대 신산업 육성 목표 중 하나로도 드론 산업이 포함되어 있다. 2018년 6월, 국토교통부는 드론 산업 육성을 위해 3차 드론 시범 사업에 착수했다. 드론 시범 사업은 고도 제한이나 비행 제한과 같은 규제를 적용받지 않는다. 또한 기술 개발이나 드론 사업 모델을 시험하게 된다. 물품수송, 산림보호·산림재해 감시, 시설물 안전진단, 국토조사·민생순찰, 해안선·접경지역 관리, 통신망 활용 무인기 제어, 촬영·레저·광고, 기타 등 8개 드론 활용 분야를 대상으로 하고 있다.

아울러 다양한 시험을 할 수 있는 별도의 시험 공간인 시범 공역을 기존 7곳에서 10곳으로 확대한다. 이를 통해 드론 산업 활성화를 위한 기반 시설을 마련하고 지원을 강화할 계획이다.

드론 산업 육성에 쏟아지는 관심

전국의 지자체도 드론 산업 육성에 나서고 있다. 강원도는 산불감시, 레저스포츠, 농약방제, 해양구조 등 4개 분야에 드론을 도입하기로 하고 '드론 산업 육성 5개년 계획'을 마련했다. 고양시는 드론 전문가 육성을 위한 '드론인력양성소'를 열었다. 이곳에서 드론 기술 이전과 엑스포 개최 등을 통해 드론 산업 발전을 도모할 계획이다.

인천시에는 국내 처음으로 '드론인증센터'가 건립된다. 국토교통부 산하 항공안전기술원은 센터 건립에 232억 원의 예산을 들여 2023년까지 완공할 계획이다. 또한 인천시에는 드론 전용 비행시험장도 들어설 예정이다. 시험장은 드론 연구, 제작, 시험에 필수적인 시설로 운영센터, 정비고, 이착륙장 등을 지어 드론 산업 육성을 지원하게 된다.

이뿐만이 아니다. 국군도 드론 인재 양성에 나섰다. 병무청은 육군 드론 운용 및 정비병(군사용 드론조작 및 운용) 등의 4차 산업 혁명 관련 전문 특기병을 신설하고, 2018년 8월부터 병무청 홈페이지를 통해 지원서를 받고 있다. 지원 자격은 드론학과, 무인항공기과, 드론기계과 등 드론 관련학과에 1년 재학 이상인 사람 또는 드론 조종자 자격증을 취득한 사람이어야 한다.

드론 전문가가
만드는 내일

아직 풀어야 할 숙제들

드론은 실종자 수색이나 인명 구조 등 긍정적인 역할을 수행하지만, 드론 활용에 대한 우려도 크다. 드론 사고로 인한 인명 피해와 재산 손해, 영상 촬영 중에 발생하는 개인 사생활 침해, 범죄의 수단으로 악용될 가능성 때문이다.

미국의 경우 1년에 2명 정도가 드론 추락으로 사망하거나 드론에 의해 상처를 입고 있으며 그 수는 점차 늘어나고 있다. 우리나라에서도 주택가에서 드론을 날리다 추락해 다른 사람에게 피해를 입히고 도망간 사례가 발생했다. 초대받지 않은 유명 연예인의 결혼식을 몰래 드론으로 촬영한 일도 있었다. 드론이 내 방 창문에서 나를 촬영한다면? 정말 소름끼치도록 무섭고 불쾌한 일이다.

테러 위험도 있다. 실제로 미국 백악관에 드론이 날아들어 건물과 충돌하며 파문이 일기도 했다. 해당 드론은 인근에 거주하는 정부 공무원 소유로 밝혀졌지만, 드론이 테러에 활용될 수 있다는 우려에 더욱 무게가 실리게 됐다.

드론은 오지에 약품을 배달하거나 실종자 수색 등 사람을 살리는 일에 두루 쓰인다. 그렇지만 드론은 태생적으로 군사용 무기라는 비판도 많다. 이렇게 다양한 이유 때문에 각국은 드론 운용에 대한 다양한 방안과 사생활 침해 방지를 위한 규제 법안을 내놓고 있다.

안전한 드론 비행을 위해 제도를 마련하고 정비하는 일은 중요한 일이다. 안전한 운항을 관리하고 감독하는 일도 마찬가지다. 그러나 드론이 인간에게 득이 되느냐, 해가 되느냐는 전적으로 인간에게 달려 있다. 드론 전문가들이 각자의 영역에서 안전하고 적법하게 드론을 활용할 때, 우리가 바라는 미래가 만들어진다.

드론이 가져올 미래, 드론 전문가의 길

2017년 푸에르토리코는 이동통신 기지국의 90%가 허리케인으로 인해 파괴되었다. 이때 미국 기업 AT&T가 개발한 드론 '플라잉 카우'가 구조 지원에 나섰다. 무선통신 기지국 역할을 하는 드론 덕분에 실종자 휴대폰 위치 정보를 파악할 수 있었다. 또 건물 잔해에 파묻힌 사람들이 직접 구조를 요청할 수 있어 인명을 살리는 데 확실한 지원군이 됐다.

또한 곧 출시될 앰뷸런스 드론은 꽉 막힌 도로 위를 날아

고귀한 생명을 구하는 데 큰 역할을 할 것이다.

이뿐만 아니라 생활의 질을 높여 주는 드론 서비스도 개발되고 있다. 드론 배달 서비스는 주문과 동시에 상품을 실어 1시간 안에 배달할 준비를 마치고 본격적인 서비스를 눈앞에 두고 있다.

손목시계만큼 작은 셀카 드론은 촬영 거리와 각도를 조정해 주인을 따라가며 멋진 인생샷을 남겨줄 것이다. 또 습도나 온도를 감지하는 센서를 단 드론은 초기 산불 감지와 산불 진화에 필요한 정보를 제공해 줄 것이다.

드론은 집안일도 척척 해낼 수 있다. 집안 청소를 하는 드론, 집을 비웠을 때 CCTV 역할을 하는 드론 등 우리 일상생활 풍경에도 변화를 준다. 이처럼 드론은 인간에게 새로운 경험을 선물하며 앞으로도 신선한 충격을 던져 줄 것이다.

드론 전문가는 드론에 생명을 불어넣는 창조자이자, 더 풍요로운 사회를 만들어 가는 설계자이다. 또한 드론을 활용해서 문제를 해결하는 해결사이기도 하다. 드론 전문가는 오늘도 더 나은 사회를 향해 앞장서고 있다.

드론과 인공지능

안방을 파고든 인공지능

2016년 3월, 세계 바둑계 1인자 이세돌과 인공지능(AI) 알파고가 세기의 대결을 펼쳤다. 결과는 1:4로 알파고의 승리. 전 세계는 충격에 휩싸였다. 일부 사람들은 충격을 넘어 두려움과 공포감마저 들었다고 한다.

인공지능(AI, Artificial Intelligence)은 인간의 학습능력과 추론능력, 이해력, 지각능력 등을 컴퓨터 프로그램으로 실현한 기술이다. 스스로 데이터를 통해 지식을 찾아내고 학습한다. 과연 인공지능은 어디까지 왔을까?

인공지능은 이미 우리 생활 깊숙이 파고들었다. 2018년 국내에서 정식으로 출시된 구글 인공지능 스피커 '구글홈' 사용자가 폭발적으로 증가하고 있다. 구글홈은 "헤이 구글(Hey Google)"이라고 말을 걸면 시작된다. 그리고 사용자가 요청하는 음성 내용을 인식해 필요한 정보를 제공해 준다. 예를 들어 구글홈을 불러서 알람을 맞출 수도 있고, 음악을 틀어 달라고 지시할 수도 있다. 사투리와 띄어쓰기, 주어를 생략한 문장 등에 대해서도 상당한 수준으로 인식해 놀라움을 선사한다. 수많은 데이터 속에서 패턴이나 규칙을 발견해 컴퓨터가 사물을 처리하도록 학습시킬 수 있다.

날아다니는 인공지능 드론

2016년 미국 국방부는 색다른 드론을 공개했다. 알아서 적을 식별하는 AI 드론이다. 인공지능 기술 중 하나인 머신러닝(Machine Learning)은 컴퓨터가 스스로 학습하는 기술이다. 이 기술 덕분에 AI 드론은 수많은 차 가운데에서 차종과 타이어 등으로 문제 차량을 식별할 수 있다.

또 AI 드론은 사람들이 모여 있는 군중 속에서 주먹질이나 발길질 등 폭력을 쓰는 사람을 즉시 잡아낼 수 있다. 영국의 한 대학 연구진은 AI 기술을 활용해 '드론 감시 시스템'을 개발했다. 드론에 장착된 카메라로 실시간 영상 데이터를 받아 폭력 여부를 예측한다. AI 드론이 범죄를 스스로 예측할 수 있게 되면서, 사후에 문제를 해결하는 것이 아닌 즉시 처리해 더 큰 피해를 막는 길이 열렸다.

미국 항공우주국(NASA)은 흥미로운 대결을 펼쳤다. 바로 인간과 AI의 드론 레이싱이다. 대결 방식은 좁고 빽빽한 트랙을 돌아오는 코스. AI 드론과 대결한 인간 조종사는 드론 레이싱 리그에 참여했던 드론 조종사였다.

경기 초반은 AI 드론이 우세한 듯 보였다. 그러다 점차 코스에 익숙해진 인간 조종사가 경기 후반에 속도를 내며 AI 드론의 기록을 추월했다. 과연 대결 결과는 어땠을까?

인간이 조종하는 드론은 약 130km까지 속도를 손쉽게 낼수 있지만, AI 드론은 비좁은 실내 코스에서 시속 64km의 속도를 보이며 약점을 드러냈다. 코스를 통과한 공식기록상 인간 조종사는 11.1초, AI는 13.9초로, 인간 조종사가 승리했다. 다만 인간 조종사는 같은 코스를 돌 때마다 기록의 편차가 심했지만, AI는 거의 일정한 기록을 세웠다. AI 드론이 인간의 정교하고 안정적인 비행 실력을 따라잡으려면 시간이 더 필요해 보인다.